Riddim Presents

The ROCKSTEADY BOOK

Compiled by
Shizuo Ishii, Tommy Far East

Rittor Music

The ROCKSTEADY BOOK
CONTENTS

007 *Part 1* **ROCKSTEADY CLASSICS**

- **008** アルトン・エリス
- **012** ケン・ブース
- **014** カールトン&ザ・シューズ
- **016** ザ・ゲイラッズ
- **018** ザ・ヘプトーンズ
- **021** ザ・ケイブルズ
- **022** デルロイ・ウィルソン
- **024** ボブ・アンディ
- **026** ザ・クラレンドニアンズ
- **028** ザ・ターマイツ
- **030** ザ・ソウル・ブラザーズ / ソウル・ヴェンダーズ
- **036** スタジオ・ワンのオムニバス盤とその他のアーティストによるヒット曲
- **042** ザ・パラゴンズ
- **044** トレジャー・アイルのオムニバス盤とその他のアーティストによるヒット曲
- **052** ジ・エチオピアンズ
- **054** ホープトン・ルイス
- **056** リン・テイト&ザ・ジェッツ
- **058** グラッドストン・アンダーソン
- **060** アーネスト・ラングリン
- **061** ボビー・エイトキン&ザ・カリブ・ビーツ
- **062** スリム・スミス / ザ・ユニークス
- **064** デズモンド・デッカー&ジ・エイシズ
- **066** デリック・モーガン
- **068** プリンス・バスター
- **071** バイロン・リー&ザ・ドラゴネアーズ
- **072** ジョニー・ナッシュ
- **074** キース&テックス
- **075** デリック・ハリオット
- **076** ボブ・マーリー&ザ・ウェイラーズ
- **077** ビヴァリーズ (レーベル)
- **078** バニー・リー (プロデューサー)
- **080** ゲイ・フィート (レーベル)
- **081** その他のレーベルのオムニバス盤とヒット曲

087 *Part 2* **MORE MELLOW MOOD**

093 *Part 3* **VINTAGE LABEL COLLECTION**

111 *Part 4* **SELECTOR'S CHOICE**

- 112 　Talk Session：森 俊也×森 雅樹
- 118 　Selector's Choice 01：森 俊也［Matt Sounds］
- 119 　Selector's Choice 02：森 雅樹［EGO-WRAPPIN'］
- 120 　Special Interview & Selector's Choice 03：ビディ・マクリーン
- 122 　Selector's Choice 04：石井 "EC" 志津男
- 124 　Selector's Choice 05：ジャー・ワイズ
- 　　　Selector's Choice 06：藤川 毅
- 125 　Selector's Choice 07：アシャー G
- 　　　Selector's Choice 08：Mighty Massa
- 126 　Selector's Choice 09：ギャズ・メイオール
- 127 　Talk Session：TOMMY FAR EAST×小島 隆×Tucchie
- 132 　Selector's Choice 10：小島 隆［ブラック・アーク］
- 133 　Selector's Choice 11：Tucchie［MORE AXE RECORDS］
- 134 　Selector's Choice 12：TOMMY FAR EAST
- 136 　Selector's Choice 13：井出 靖
- 　　　Selector's Choice 14：RAS TARO
- 137 　Selector's Choice 15：ジョン・カーディエル
- 　　　Selector's Choice 16：クリス・ペッキングス
- 138 　Selector's Choice 17：石原まこちん
- 　　　Selector's Choice 18：伊藤大輔

139 *Part 5* **INTERVIEWS**

- 140 　キース・スコット［Merritone / Federal Records］
- 150 　カールトン&ザ・シューズ
- 154 　リロイ・シブルス
- 158 　ストレンジャー・コール
- 162 　クリストファー・エリス / カールトン&ザ・シューズ
- 166 　BBシートン
- 170 　キース&テックス
- 174 　リン・テイト
- 178 　アルトン・エリス

- 186 　日本のロックステディ10選

Introduction

　1966年ごろから約3年の間に作られた、ロックステディという50年も前の音楽を紹介するこの本。なぜ今、この『The ROCKSTEADY BOOK』を作ったか？

　ボブ・マーリーの来日コンサートや記者会見に潜り込んだりしていた1979年、NYでパトリック・ホージーに出会い映画『ロッカーズ』の日本での配給権を5年契約した。これがレゲエを仕事にした最初の大きな間違いであり、40年近くジャマイカ音楽と付き合うことになる幸運でもあった。
　すぐにジャマイカ人との付き合いが始まり、自分でもオーバーヒート・レーベルを始めてボブ・アンディ、オーガスタス・パブロ、ザ・マイティ・ダイアモンズ、フランキー・ポール、日本のMUTE BEATなど当時のレゲエをたくさんリリースし、キング・タビーにも会いに行ったりした。

　1984年に来日したシュガー・マイノットから「いいか、この男はジャマイカン・ミュージックの歴史と一緒に歩いてきたんだ」とバック・バンドの"グラディ"ことグラッドストン・アンダーソンを紹介された。またいつもの売りこみかと高をくくっていたが、グラディから渡されたカセット・テープを聴いてイッパツで虜になり、『Don't Look Back』というアルバムをリリース。それからはキングストンのレコーディングには必ずグラディに参加してもらい、レコーディングの合間にジャマイカ音楽の歴史を聞くのが本当に楽しみになった。ジャマイカの音楽のなかでも、僕が10代後半から20代のころに聴いていたアメリカのブギウギやソウルの感じが残るロックステディという音楽がとくに好きだと気づきはじめていたからだ。
　「それなら」とグラディが僕にくれたリン・テイト『Rock Steady Greatest Hits』とゲイ・フィートの『ABC Rocksteady』という2枚のロックステディ・アルバム。どちらもジャケットがボロボロだったが、リン・テイトのアルバムは他人には教えたくないくらい好きになった。だから2005年にグラディをメインにしたドキュメンタリー映画『ラフン・タフ』を監督したときは、そのアルバムから2曲をリン・テイト自身にセルフ・カヴァーしてもらってサントラで使った。ついでにエンディング・タイトル用にと新曲もレコーディングして7インチでもリリースした。

初めてロックステディのライヴをやったのは1992年の"Rock Steady Night"だった。キングストンに出向き、グラディ&ソリッド・ゴールドというバンドを結成させて、そこにカールトン&ザ・シューズ、ザ・ケイブルズのエルバート・スチュワート、ザ・メロディアンズのブレン・ダウも参加してリハをやった。あれから26年、今も懲りずにジャマイカのオリジネイターたちを招聘して"The Rocksteady Legend"と銘打ったライヴ・シリーズをやっている。

いつだってグラディとロックステディのことは忘れるはずもなかったし、ビティ・マクリーンがスーパーソニックスの1960年代の音源で作ったアルバム『On Bond Street KGN. JA.』を日本配給したとき、音楽の価値に古いとか新しいとかは関係ないと確信した。

今夜も世界中でロックステディを愛するセレクターが、レコードをターンテーブルに乗せている。ストリーミングやYouTubeを検索すれば、激レア・チューンだって聴くことができる。だからこそ、おそらく世界初のこのガイドブックが必要だと思ったのだ。Tommyくんをはじめ、たくさんの方々の執筆と協力で出来上がったこの本をきっかけに、若い人たちがさらにロックステディの魅力に気づいてくれたら最高です。

石井"EC"志津男

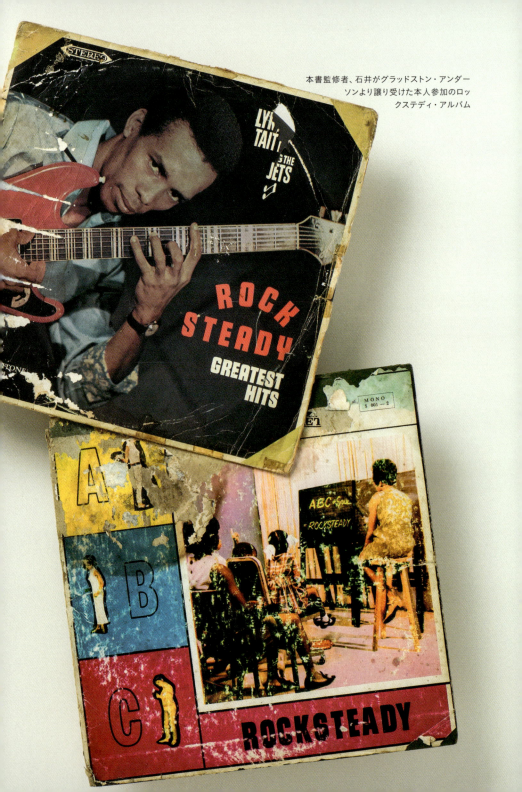

本書監修者、石井がグラッドストン・アンダーソンより譲り受けた本人参加のロックステディ・アルバム

Part 1
ROCKSTEADY CLASSICS

これからロックステディを聴きたい、あるいは代表的な作品をおさらいしたいという人のためのクラシック・セレクション。主要なアーティストとそのアルバムをピックアップするとともに、"FOUNDATIONS"としてその後のレゲエ・シーンにも影響を及ぼした当時のヒット曲や、年代を超えて愛されてきた名曲を、貴重なオリジナル・シングルのラベルとともに紹介していく。

選盤・情報提供：TOMMY FAR EAST
文：伊藤大輔

ALTON ELLIS

アルトン・エリス

"ミスター・ソウル・オブ・ジャマイカ"の異名を持つアルトン・エリスは、1938年にキングストン、トレンチタウンで生まれ、アルトン&エディというデュオとして1950年代末にデビュー。その後、ソロ・シンガーとして1960年代にトレジャー・アイルやスタジオ・ワンからヒットを連発。ジャンル名の由来とされる「Rock Steady」ほか、多くのロックステディ・クラシックを残した。その後も拠点をイギリスに移し数多くの作品をリリース、1992年以降はたびたび来日公演も行なったが、残念ながら2008年10月10日に帰らぬ人となった。

『The Best Of Alton Ellis』
(Coxsone / JA)

スタジオ・ワンよりリリースされた1969年発売作。ベスト盤という位置づけだが、左の1967年作とは異なる楽曲を収録する。今でもダンスなどでプレイされている「Breaking Up Is Hard」や「Willow Tree」のほか、ビリー・スチュワートのカヴァー「Sitting In The Park」なども収録。スタジオ・ワンのハウス・バンドであったソウル・ヴェンダーズやサウンド・ディメンションの面々が参加。

『Sings Rock And Soul』
(Coxsone / JA&UK)

トレジャー・アイルにも名曲は多いが、こちらはコクソン・ドッドのプロデュースのもとでレコーディングされた曲を集めた1967年発売のアルバム。当時のバック・バンドであるソウル・ヴェンダーズによる演奏のもと、何度もリメイクされている「I'm Still In Love」をはじめ、「Massachusetts」のカヴァーなども非常に完成度が高く、定番リディムとして愛される名曲を収めた作品だ。

FOUNDATIONS

トレジャー・アイル〜スタジオ・ワンというロックステディ期のジャマイカ2大レーベルに数多くのヒットを残した彼の作品のなかでも、あえて代表曲を挙げるなら以下の6曲になるだろうか。多くがここで紹介しているアルバムにも収録されているが、アルバム未収録曲となる「Duke Of Earl」はトレジャー・アイルのサブ・レーベルであるトロージャンが初出となるジーン・チャンドラーのカヴァー。

「Rock Steady」
(Treasure Isle / JA)

「Breaking Up」
(Treasure Isle / JA)

『Mr Soul Of Jamaica』
(Treasure Isle / JA)

スタジオ・ワンとトレジャー・アイルというライバル的な関係にあったレーベルの両方からリリースをしていた彼が、後者に残した音源をまとめた作品で、発売は1974年。先述したスタジオ・ワンの2作と若干カブる曲もあるが、「All My Tears Come Rolling」などの名曲を収録。こちらはトミー・マクック&ザ・スーパーソニックスがバック演奏を担当。サウンドの違いを聴き比べるのも一興だ。

「Willow Tree」
(Treasure Isle / JA)

「Duke Of Earl」
(Trojan / JA)

「I'm Still In Love」
(Studio One / JA)

「I'm Just A Guy」
(Studio One / JA)

KEN BOOTHE

ケン・ブース

こぶしの利いた歌いまわしで、個性豊かなジャマイカのシンガーのなかでも傑出した力を持つケン・ブース。スカの時代はストレンジャー・コールのもとで活動したが、正当な評価は少なかった。その後、1965年にスタジオ・ワンの門を叩き、ロックステディ期に大ヒット・ナンバーを飛ばしたことで"Mr. Rocksteady"の異名を取ることになる。その後もレスリー・コングやフェデラル・レコーズなどから多くの作品をリリース。2003年にはジャマイカ政府より、音楽発展に貢献した栄誉を讃えるOrder Of Distinctionが贈られている。

FOUNDATIONS

アルバム形態でのリリースが少なかった当時のジャマイカにおいて、ケン・ブースはスタジオ・ワンから3枚のアルバムを残しているが、ハイ・ノートなどからもリリースがあり、「Lady With The Starlight」「Say You」は、たおやかなリディムと艶やかな彼の声が心地良い屈指のロックステディ・ナンバー。またスタジオ・ワンの「Don't Want To See You Cry」はボブ・アンディによる作品。

「Don't Want To See You Cry」
(Studio One / JA)

「Moving Away」
(Studio One / JA)

「Tomorrow」
(Studio One / JA)

『Mr. Rocksteady』
（Studio One / JA&UK）

コクソン・ドッドのもとで作られた1stアルバム。バックはジャッキー・ミットゥ率いるソウル・ヴェンダーズで、まだ後期スカ的なテイストを持った楽曲も多いが、「My Heart Is Gone」「Home, Home, Home」といったロックステディの名曲も収録。細かい歌いまわしを得意とする彼の歌唱はのちに力強さを増していくが、本作でもその片鱗を感じ取れる。左がジャマイカ盤、右がUK盤のジャケット。

「Lady With The Starlight」
（High Note / JA）

「Say You」
（High Note / JA）

「Can't You See」
（Fab / UK）

CARLTON & THE SHOES

カールトン&ザ・シューズ

1938年にキングストンで生まれたカールトン・マニングを中心に、兄弟のリンフォード、ドナルドらで編成されたコーラス・トリオ・グループ。スタジオ・ワンに名作『Love Me Forever』を残した。ほかの2人の兄弟がアビシニアンズとして活動したこともあり、自主レーベル"Quality"からリリースした1982年作『This Heart Of Mine』では、カールトンが1人で三声コーラスを担当。それ以外にもリヴ&ラヴやDEBといったレーベルから良作を発表。2002年には『Music For Lovers』を国内レーベルのオーバーヒートからリリースしており、来日公演も1992年以降、計4回行なっている。

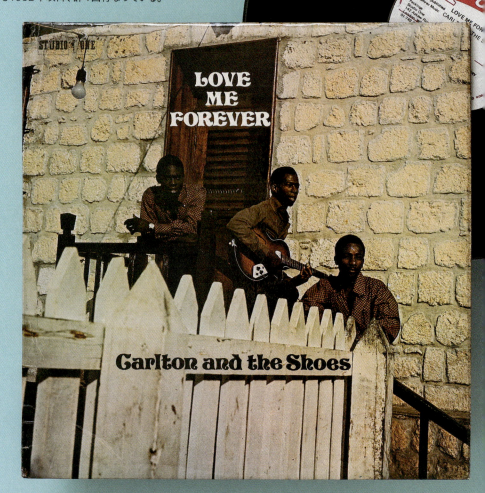

『Love Me Forever』
(Studio One / JA&UK)

ロックステディ史に残る名盤。コクソン・ドッドとの条件が折り合わなかったことで、1976年までリリースが延びた作品としても知られているが、レコーディング自体は1960年代後半から行なわれていたため、ロックステディ期の楽曲も多く収録されている。気怠くも甘い、兄弟によるコーラス・ワークはロックステディはもちろんのこと、ジャマイカの至宝と言えるほどに美しい。

FOUNDATIONS

「Love Me Forever」は同グループが1968年にスタジオ・ワン傘下のレーベルよりリリースした初シングルで大ヒットを記録。名リディムとしても知られ、ビッグ・ユースをはじめ時代ごとにリメイクされている。同7インチのB面に収められたのが「Happy Land」だ。「This Feeling」はアルバムにも収録されている楽曲のシングル・カットで、B面には「You And Me」を収録する。

「Love Me Forever」
(Supreme / JA)

「Happy Land」
(Supreme / JA)

「This Feeling」
(Studio One / UK)

「You And Me」
(Studio One / UK)

THE GAYLADS
ザ・ゲイラッズ

ハリス"BB"シートン、ウィンストン・デラーノ・スチュワート、モーリス・ロバーツからなるキングストン生まれのコーラス・トリオ。スカの時代から活躍するが、ロックステディ期に「Lady With The Red Dress On」をはじめ、次々とヒット曲を量産した。スタジオ・ワンのほか、WIRLやソニア・ポッティンジャーのもとでもリリースしており、いずれの曲も質の高さを保っている。彼らはのちにケン・ブースやメロディアンズらとともに自主レーベル"Links"を発足させた。

『Soul Beat』(Studio One / JA&UK)
*UK Release：『Rock Steady』

1967年にスタジオ・ワンよりリリースされたロックステディのマスターピース。ソウル・ヴェンダーズによる演奏とバランス感の良いコーラス・ワークで、オールディーズなムードにあふれた作品。「Love Me With All Your Heart」「I Am Free」「Red Rose」といったスタンダード・ナンバーを収録。イギリスではジャケ違いで『Rock Steady』というタイトルで発売された。

FOUNDATIONS

「Africa」はアップタウン向けのリゾート・ミュージックといった趣きのアルバム『Sunshine Is Golden』に「Sound Of Africa」として収録されるが、ここで紹介するシングル盤のほうがレア度が高い。コクソン関連以外にもソニア・ポッティンジャーのもとでリリースした「It's Hard To Confess」や「Over The Rainbow's End」も大ヒットを記録した。

「Africa」
(Coxsone /JA)

「Stop Making Love」
(Coxsone / JA)

「Picular Man」
(Studio One / JA)

「Don't Say No」
(Coxsone / JA)

「It's Hard To Confess」
(Rainbow / JA)

「Over The Rainbow's End」
(Gay Feet / JA)

THE HEPTONES

ザ・ヘプトーンズ

スタジオ・ワンの至宝とも呼ばれるヘプトーンズは、リロイ・シブルス、バリー・ルウェリ、アール・モーガンからなるトリオ・グループ。1966年にスタジオ・ワンのオーディションを受け、ロックステディにぴったりとハマるスウィートなコーラスでヒット曲を量産。いまだにプレイされるクラシックなリディムが多く存在する。また、シブルスはベーシストとしてソウル・ヴェンダーズ／サウンド・ディメンションにて才能を発揮し、多くのスタジオ・ワンの作品に関与。彼は1976年にグループを去り、ソロ活動に専念した。

『On Top』
（Studio One / JA&UK）

当時のジャマイカで大ヒットとなった2nd。A面はスウィートなサウンドながら社会派な歌詞も多く、「Soul Power」ではブルージィな一面も。その一方、B面はロックステディらしいラヴ・ソングで構成される。フィル・フィリップスをカヴァーした「Sea Of Love」のほか、「We Are In The Mood」など名曲揃い。ラヴ・ソングだけに終わらない内容が本作の醍醐味でもある。

『The Heptones』
（Studio One / JA&UK）

スタジオ・ワンから1967年にリリースされた彼らのデビュー作。きわどい歌詞でラジオがプレイを拒んだことでも知られる1stシングル「Fattie Fattie」や「Land Of Love」などで聴けるシブルスの華麗なリード・ヴォーカルはロックステディの真骨頂。1995年にタイトルを『Fattie Fattie』に変えて再発された同作は、収録曲が多少異なる。

THE HEPTONES

FOUNDATIONS

いまだに繰り返し使われるファウンデーション揃いのヘプトーンズの名曲たち。殿堂入りベース・ラインの「Party Time」は、リー・ペリーのもとでもリメイクされた。ギターとベースのユニゾンがロックステディ印な「Why Did You Leave」は、アルトン・エリスが同じリディムで歌うほか、オーガスタス・パブロにも引用された。「Why Must I」はステッパーのビートと泣きのメロディが心地良い1曲。

「Party Time」
(Coxsone / JA)

「Only Sixteen」
(Coxsone / JA)

「Why Did You Leave」
(Coxsone / JA)

「Ting A Ling」
(Coxsone / JA)

「Equal Rights」
(Coxsone / JA)

「Why Must I」
(Coxsone / JA)

『What Kind Of World』
（Studio One / JA&UK）

1970年にリリースされた彼らの代表作であり、その大半がドラモンドが書いたオリジナル曲で構成されている。A面の冒頭に収められたロックステディ・クラシックの「Baby Why」は1967年発表のシングル・ヒット曲で、のちにマイティ・ダイアモンズが「Have Mercy」としてリメイクしたほか、アルバム・タイトル曲はフレディ・マクレガーなどにカヴァーされている。

THE CABLES
ザ・ケイブルズ

リード・ヴォーカリストであり、ソングライターでもあったケブル・ドラモンドが率いたコーラス・グループ。1970年にスタジオ・ワンがコンパイルしたアルバム『What Kind Of World』が有名。その後はコクソン・ドッドとの金銭的な問題から不満を抱くようになり、スタジオ・ワンを離れ、ハリー Jのもとで「Feel Alright」やバニー・リーとともに「Come On」などをリリースしたが、スタジオ・ワン時代ほどのヒットには恵まれなかった。ドラモンドは1972年にグループを去り、別グループを結成している。

DELROY WILSON

デルロイ・ウィルソン

1948年キングストン生まれ。13歳でエンターテイメントの世界へと入り、コクソン・ドッドのもとでヒット曲を次々と生み出し、ジャマイカ初の少年シンガーとして人気を得た。ソウルフルでしなやかな無二のヴォーカルで、ロックステディ期にスタジオ・ワンに多くの名曲を残したほか、ストレンジャー・コールとともにレーベルW&Cを設立し1968年に「I Want To Love You」を、1971年にバニー・リーのもとで「Cool Operator」をヒットさせた。ルーツ・レゲエ期には多くのレーベルで良作を残したほか、1980年代に入っても活躍するが、1995年に逝去。

FOUNDATIONS

「Rain From The Sky」はスタジオ・ワン時代の彼の代表曲だが、バニー・リーのもとでも再録音している。「Feel Good All Over」はこれぞロックステディなチューンで、「Run For Your Life」はリヴァーブの効いたギターが1960年代のUSポップスを彷彿させるスウィートなナンバー。「Get Ready」「Riding For A Fall」は、まだスカっぽいリズムが印象的。

『Good All Over』
（Studio One / JA&UK）

ロックステディが成熟した1960年代後半に、まだ10代であったデルロイ・ウィルソン。だが、すでに歌い手としてはベテランの域に達していた。「I'm Not A King」で聴けるソウルフルな歌いまわし、「Rain From The Skies(Sky)」では、表情豊かなヴィブラートが冴えわたる。その洗練されたヴォーカル・スタイルからは、アルトン・エリス、ケン・ブースらと並ぶ実力を持っていたことがうかがえる。

「I'm Not A King」
(Studio One / JA)

「Rain From The Sky」
(Studio One / JA)

「Feel Good All Over」
(Studio One / JA)

「Run For Your Life」
(Studio One / JA)

「Get Ready」
(Studio One / JA)

「Riding For A Fall」
(Studio One / JA)

BOB ANDY

ボブ・アンディ

ジャマイカが生んだ偉大なシンガー／ソングライター。1944年キングストン生まれの彼は、ザ・パラゴンズのメンバーとしてそのキャリアをスタートさせる。同グループ脱退後はスタジオ・ワンでソロ活動に加えて、ジャッキー・ミットゥとともにケン・ブース「Don't Want To See You Cry」など、数多くのクラシック・ナンバーを創作した。その後は、私生活でのパートナーでもあったマーシャ・グリフィスとのデュオでリリースした「Young Gifted And Black」が英国で5位を記録するヒットとなったほか、1970年代以降も良質な作品を残した。

FOUNDATIONS

すべて右のアルバムに収録された楽曲で、「My Time」「Desperate Lover」はロックステディ期のメロウ・ナンバー。「Desperate Lover」は完全にロックステディな演奏だが、オルガンのバブリング奏法が見られるのがユニーク。そのせいもあってロックステディ〜レゲエ的雰囲気を持った1曲だ。「Experience」は、もともとはデルロイ・ウィルソンのために書いたが、最終的に自身の曲として発表。

「My Time」
(Supreme / JA)

「Desperate Lover」
(Supreme / JA)

「Experience」
(Supreme / JA)

「Let Them Say」
(Supreme / JA)

『Song Book』
(Coxsone / JA)

"ボブ・アンディといえばこれ！"という代表作で、1966年から68年にかけて録音されたヒット・ナンバーを収録している。バックはジャッキー・ミットゥ率いるソウル・ヴェンダーズで、後期スカからロックステディ、さらにはレゲエを予感させるサウンドまで、過渡期ならではの幅広い楽曲を収める。スタジオ・ワンを代表するクラシック・リディムを聴きたければ、まずこの1枚を。

THE CLARENDONIANS

ザ・クラレンドニアンズ

ピーター・オースティンとアーネスト・ウィルソンで1963年に結成されたコーラス・デュオ。同年にビヴァリーズからリリースした「A Day Will Come」がきっかけで、彼らの出身地区であるクラレンドンを冠したグループ名で活動を開始する。スカの時代にもヒット曲が多いが、ロックステディの時代だと「You Can't Be Happy」などが名高い。1960年代末にオースティンはスタジオ・ワンを離れて、ヒューバート・リーとともにクラレンドニアンズ名義で活動。一方、ウィルソンはコクソンのもとに残り、ヒット曲を生み出した。

『The Best Of The Clarendonians』
（Coxsone / JA）

彼らがスタジオ・ワンに残した楽曲をまとめたベスト盤。「You Can't Keep A Good Man Down」「Rudie Gone A Jail」などのスカ時代のヒット曲から、ロックステディ時代までの名曲を収録する。スカ～ロックステディの移行期ともいえるテンポが遅くなったスカの「You Can't Be Happy」では、オースティンのリード・ヴォーカルに加えて、彼よりも数歳若いウィルソンのエネルギーにあふれた歌を堪能できる。

FOUNDATIONS

彼らはスカの時代にもヒット曲が多い。「Shu Be Do Be」とビートルズの名カヴァーである「You Won't See Me」は、いずれもジャマイカのチャートで1位を記録。「The Tables Gonna Turn」はスカ〜ロックステディの中間とも呼べるちょっとユルいサウンド。「He Who Laugh」とカルトーンより1968年にリリースされた「Baby Baby」はロックステディ・チューンで、ソウルフルな歌が聴ける。

「Shu Be Do Be」
(Studio One / JA)

「Hole In Your Soul」
(Coxsone / JA)

「You Won't See Me」
(Studio One / JA)

「The Tables Gonna Turn」
(Studio One / JA)

「He Who Laugh」
(Studio One / JA)

「Baby Baby」
(Caltone / JA)

THE TERMITES

ザ・ターマイツ

のちにデニス・ブラウンのバック・バンドであるウィ・ザ・ピープル・バンドのベーシストとして名を馳せるロイド・パークスにとって、キャリアの出発点となったのがこのコーラス・デュオ。パークスとウェントワース・ヴァーナルによるこのグループは、活動期間は1960年代後半のみと短かったものの、ちょうどロックステディの時代にコクソン・ドッドとともにブレントフォード・ロードにて「Have Mercy Mr. Percy」ほか数多くのヒット曲を生みだしている。主張が薄めで気怠さのある二声コーラスと、ロックステディ・トラックの相性は抜群だ。

FOUNDATIONS

「My Last Love」はアルバムにも収録されている、ピアノの裏打ちが心地良いロックステディらしいシンプルなナンバー。「Hold Down」はゆったりとしたカリビアン・テイストあふれるスカ調の楽曲だ。「Love Up Kiss Up」は1968年にUKトロージャンからリリースされており、スキンズ・レゲエの名曲としても知られている1曲。

「My Last Love」
(Studio One / UK)

「Hold Down」
(Coxsone / JA)

「I Made A Mistake」
(Studio One / JA)

「Love Up Kiss Up」
(Trojan / UK)

「Beach Boy」
(Coxsone / JA)

「Mama Didn't Know」
(Coxsone / JA)

『Do The Rock Steady』
(Studio One / JA&UK)

彼らにとって唯一のアルバムがスタジオ・ワンからリリースされたこちら。「Have Mercy Mr. Percy」や「My Last Love」、大ヒットを記録したタイトル曲をはじめ、純度の高いロックステディ・ナンバーがズラリと揃う。「My Last Love」などは、誰が聴いてもリロイ・シブルスが弾いているとわかる、端正でロックステディ印なベース・ラインが印象的だ。

THE SOUL BROS. / SOUL VENDORS

ザ・ソウル・ブラザーズ / ソウル・ヴェンダーズ

いずれもスタジオ・ワンのロックステディに欠かせないバック・バンド。ソウル・ブラザーズはローランド・アルフォンソ、トミー・マクックらを擁したバンドで、1965年にジャッキー・ミットゥも参加。同バンド解散後は、ミットゥが作曲した「Ram Jam」のヒットを機に英国で行なったライヴのためにソウル・ヴェンダーズを結成。ミットゥに加えてロイド・プリヴェット(b)やバニー・ウィリアムス(d)、エロル・ウォータース(g)、アルフォンソらが在籍した。

Jackie Mittoo『Jackie Mittoo In London』
(Coxsone / JA&UK)

ジャッキー・ミットゥ名義でリリースされた、実質ソウル・ヴェンダーズによる1967年作。ヒット曲「Ram Jam」を収録し、同曲とビートルズ「ノルウェーの森」をインスト化した「Darker Shade Of Black」のみ先にジャマイカで録音され、それ以外はすべて"コクソンズ・ロックステディ・レヴュー"と題されたライヴのために訪れた英国で録音されたという。プロコム・ハルムやビージーズのインスト・カヴァーなどを収録。

Soul Vendors『On Tour』
（Coxsone / JA&UK）

左の『～ In London』と同じくツアー先のロンドンで録音され、同年にリリースされた作品。こちらはソウル・ヴェンダーズ単体名義では唯一のアルバムながら、ツアーに同行したケン・ブース、オーウェン・グレイらによるヴォーカル曲を多数収録。エチオピアンズのヒット曲をカヴァーした「The Whip」なども。

THE SOUL BROS. / SOUL VENDORS

The Soul Bros.『Hot Shot』
(Coxsone / JA&UK) *UK Release:『Hot Shot Ska』

1965年中盤に活動第一期を終えたスカタライツだが、アルフォンソが率いたソウル・ブラザーズの活動期はおよそ1年とちょっと。その間に本作と『Carib Soul』が作られており、本作で聴けるのはスカ〜ロックステディの移行期とも呼べるサウンド。ホーン隊が主導する痛快なインストゥルメンタルを聴かせる。

The Soul Bros.『Carib Soul』
(Coxsone JA/UK)

『Hot Shot』と同年に発売された本作は、基本的に同じような方向性の作品だが、ちょっとユルさがあるのが特徴。ジャズ／カリビアン／ラテンの要素をたっぷりと吸収した音楽を演奏しつつ、ブーガルー的なアレンジもあり、メンバーたちの音楽的語彙の深さをじっくり感じ取れる作品。スカタライツもカヴァーした「リンゴ追分」や、滝廉太郎の「花」(「Orange Blossom」というタイトルで収録)といった日本の曲まで収録しているのもポイントだ。

Jackie Mittoo & The Soul Vendors『Evening Time』
(Coxsone / JA&UK)

左の2枚をリリースした翌年に発売されたのがこちら。「One Step Beyond」「Napoleon Solo」「Drum Song」といったロックステディ時代のクラシック・リディムに合わせて、ミットゥがソロを弾くというインスト・アルバム。ほかにもブッカー・T&ザ・MGズなどのカヴァーも収録した盛りだくさんな内容の1枚。ここで掲載したジャケットはUK盤のもの。

THE SOUL BROS. / SOUL VENDORS

The Soul Bros.「Craw Fish」
(Muzik City / JA)

The Soul Bros.「One Stop」
(Studio One / JA)

Jackie Mittoo & The Soul Bros.「Home Made」
(Studio One / JA)

The Soul Bros.「Take Ten」
(Coxsone / UK)

FOUNDATIONS

ソウル・ブラザーズ〜ソウル・ヴェンダーズが残したインストゥルメンタルはいまだに現場でプレイされるキラー・チューンだらけ。「リンゴ追分」のソウル・ヴェンダーズ版アレンジでトロンボーンが冴えわたる「Ringo Rock」、定番リディム「Death In Arena」にアルトン・エリスらがトースティングを乗せた「Whip Time」など、いずれも豪華絢爛な演奏を堪能できる。

The Soul Vendors「Ringo Rock」
(Studio One / JA)

The Soul Vendors「Reel (Real) Rock」
(Coxsone / JA)

The Soul Vendors「Whip Time」
(Coxsone / JA)

The Soul Vendors「Swing Easy」
(Studio One / JA)

The Soul Vendors「Frozen Soul」
(Studio One / JA)

The Soul Vendors「Pe Da Pa」
(Studio One / JA)

STUDIO ONE
COMPILATIONS & HIT SINGLES

スタジオ・ワンのオムニバス盤とその他のアーティストによるヒット曲

1950年代よりサウンドシステム=ダウンビートに加えて、音楽レーベル運営をしていたクレメント"コクソン"ドッド。スタジオ・ワンは、彼が開拓したスカが勃興した1960年代前半に創立されている。オリジネイターであるスカタライツに加えて、ザ・ウェイラーズらによる多くのスカのヒット曲を生みだし、その後もアルトン・エリス、ボブ・アンディ、さらにはのちにスタジオ・ワンの音楽プロデューサーとしても活躍するリロイ・シブルスによるヘプトーンズなどが、ロックステディ期に多くのヒットを記録。ここでは、ジャマイカが生みだしたこの最高峰のレーベルのロックステディをコンパイルした作品と、ここまでに掲載したアーティスト以外のヒット曲を紹介する。

V.A.『Blue Beat Special』
(Coxsone / UK)

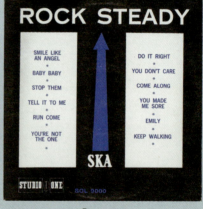

V.A.『Rock Steady』
(Studio One / UK)

『Blue Beat Special』は、UKのスタジオ・ワンからリリースされたコンピレーション。モッズやスキンズといった1960年代の英国カルチャーを感じさせる選曲で、ブルービートという名称は英国においては"スカ"を意味していたが、本作はスカからロックステディに移行する時代のメジャーなヒット曲を集めた作品。エチオピアンズのヒット曲のスタジオ・ワン版リメイクであるソウル・ヴェンダーズ「The Whip」は、ここにも収録されている。

『Rock Steady』もUKスタジオ・ワンの作品だが、ジャマイカ盤仕様でもリリースされている。ジャケットのアートワークのとおり、こちらもスカ〜ロックステディへの移行期の作品。A面3、4曲目のアーティスト名=Freedom Singersはその都度シンガーが変わる不定形ユニットで、「Stop Them」「Tell It To Me」はゲイ・フィートのヒット曲のリメイク。他レーベルのヒットをスタワン流にカヴァーした曲を多く収録した作品。

『Get Ready Rock Steady』は、アルトン・エリスの「Never Love Again」、ベイシーズ（Bassies）「Big Mistake」をはじめ、シングル・カットされていない楽曲を多く収録した作品。ハムリンズの「Soul And Inspirations」などはビッグ・ヒット・チューン。こちらもジャマイカ盤があるが、UKのスタジオ・ワン・レーベルが選曲しているため、英国らしく少し陰がありパンキッシュな香りがする楽曲が多い。
『12 Carat Gold Artist Hits』はロックステディ期にジャマイカのチャートを賑わせた楽曲をコンパイルした作品で、1970年代のリリース。ローランド・アルフォンソからヘプトーンズ、テナーズ、ノーマ・フレイザー、ソウル・ブラザーズなど、スタワンのファウンデーション・アーティストの名がズラリと並ぶ。

V.A.『Get Ready Rock Steady』
（Coxsone / UK）

V.A.『12 Carat Gold Artist Hits』
（Studio One / JA）

STUDIO ONE COMPILATIONS & HIT SINGLES

V.A.
『Clement "Coxsone" Dodd - Musical Fever 1967-1968』
(Trojan / UK)

Dawn Penn「You Don't Love Me」
(Coxsone / JA)

Norma Frazer「The First Cut Is The Deepest」
(Studio One / JA)

The Righteous Flames「I Was Born To Be Loved」
(Studio One / JA)

① 1989年にトロージャンからリリースされた２枚組LP。タイトルにもあるように1967年〜68年にコクソン・ドッドが手がけた楽曲を、UKのレゲエ研究家スティーヴ・バロウ監修のもとに選曲している。当時はまだアンリリースだった曲も収録されるなど、バロウらしいマニアックな選曲センスが光る名作。ブックレットも充実しており、ロックステディを知る上でも、資料的価値の高い作品だ。② スタジオ・ワン所属の女性シンガーでもっともヒットした曲。レゲエ好きなら誰もが聴いたことがある"No No No..."の歌詞でも有名なファウンデーション・チューン。③ マーシャ・グリフィスと並ぶスタワンの名女性シンガーによるロックステディ・クラシック。英国のキャット・スティーヴンスの曲をカヴァーしたもの。④ ウィンストン・ジャレット率いるライチャス・フレイムスの大ヒット・ナンバー。単音のギター・フレーズとシンプルなピアノの演奏が心地良い。

Ernest Wilson「Undying Love」
(Studio One / JA)

The Eternals「Stars」
(Supreme / JA)

The Hamlins「Soul And Inspiration」
(Coxsone / UK)

The Sharks「How Could I Live」
(Coxsone / JA)

05 クラレンドニアンズの一員でもあるアーネスト・ウィルソンによるロックステディ期の大ヒット曲。深めのリヴァーブと伸びのある歌声が気持ち良いこの曲は、ファウンデーション・チューンとしてコーネル・キャンベルほか、多くのアーティストが歌い続けている。06 先述したコーネル・キャンベルが率いるエターナルズのビッグ・ヒット・ナンバー。彼のファルセット・ヴォイスが光るこの曲も、ロイド・パークスがリメイクしたほか、UKのラヴァーズ系アーティストにも歌われている。07 少年コーラス・グループであるハムリンズにとってもっともヒットした1曲。哀愁のあるコード進行と艶やかに歌いあげるこの曲も、多くのリメイク・ヴァージョンを持つ。08 イントロのジプシーっぽいギターが印象的なシャークスのヒット・ナンバーも、デニス・ブラウンをはじめ多くのアーティストがリメイクしている。

STUDIO ONE COMPILATIONS & HIT SINGLES

Joe White「My Guiding Star」
(Coxsone / JA)

The Viceroys「Yaho」
(Studio One / JA)

The Lyrics「A Get It」
(Coxsone / JA)

The Invaders「Soulful Music」
(Studio One / UK)

⓽ デューク・リードに見いだされたジョー・ホワイトは、コクソンのもとでもヒット曲を残している。ホワイトの優しい歌声に加えて、シンプルなコード・ワーク、重厚なホーン・セクションなどの力強いバンド・アンサンブルはまさにスタワン印。⓾ この名前以外にもThe VoiceroysやThe Internsなど多くの名前で活動した男性コーラス・トリオがトレジャー・アイルからスタワンに移籍した直後にヒットさせた哀愁漂うナンバー。⑪ 単音のギター・フレーズがあるが、伸びのあるピアノのバッキングがスカとロックステディの移行期のサウンドを彷彿とさせる楽曲。⑫ ジャッキー・ミットゥの歯切れの良いオルガン、ファンキーなベース・ラインにかけ合いのコーラス、これぞスタワンのロックステディといったヒット・チューン。

Mr. Foundation「Jail House」
(Coxsone / JA)

Rocky「The Ruler」
(Coxsone / JA)

Roy & Enid「Rocking Time」
(Coxsone / JA)

Bop & The Beltones「Smile Like An Angel」
(Studio One / JA)

⓭ ミスター・ファウンデーションことズート"スカリー"シムズの1967年作。ファンキーなオルガンに加えて華麗なピアノ・ソロまで、鍵盤の活躍がめざましいロックステディ・チューンで、その後多くのアーティストにもリメイクされている。⓮ アンソニー"ロッキー"エリスが1968年にリリースした大ヒット・ナンバー。重厚なドラム&ベースに、ハモンドが冴えわたるスタワンらしさの光る名曲。逆面にはヘプトーンズを収録しており、オリジナルはレア盤としても知られる1枚。⓯ 1968年リリースの男女デュオによるヒット曲。ピンギ・ドラムのサウンドが、レイドバック感を漂わせるミディアム・テンポのナンバー。⓰ 歯切れの良いギター・ワークと哀愁感漂うコーラスがこれまたスタワン的な印象を持つヒット曲。本曲は先述したオムニバス盤『Rock Steady』にも収録。

THE PARAGONS

ザ・パラゴンズ

タイロン・エヴァンス、ボブ・アンディ、ジョン・ホルトというのちの名シンガーたちを生みだしたコーラス・グループ。1964〜65年にスタジオ・ワンで活動するが、ボブ・アンディが脱退し、先述の2人に加えてハワード・バレットの3人組となった同グループは、デューク・リード率いるトレジャー・アイルのロックステディ黄金時代の原動力となり、ビッグ・ヒットを量産。その後リード・シンガーであったジョン・ホルトがソロで成功すると1970年にグループは解散するが、1981年にはスライ&ロビーのプロデュースによる作品をリリースしている。

FOUNDATIONS

4曲はアルバム『On The Beach』の収録曲。「The Tide Is High」はブロンディのカヴァーのほか、ウェイリング・ソウルズによるリメイクが日本のビールのCMでも使用された。絶品バラードの「Only A Smile」、完璧なコーラス・ワークが素晴らしい「Happy Go Lucky Girl」、正装してダンス・パーティに行くことについて歌った「Wear You To The Ball」など、いずれも名曲揃いだ。

「The Tide Is High」
(Treasure Isle / JA)

「Only A Smile」
(Treasure Isle / JA)

「Happy Go Lucky Girl」
(Treasure Isle / JA)

「On The Beach」
(Treasure Isle / JA)

「Wear You To The Ball」
(Treasure Isle / JA)

「My Best Girl」
(Treasure Isle / JA)

『On The Beach』
(Treasure Isle JA/UK)

トレジャー・アイルが生みだしたロックステディの最高傑作。ジョン・ホルトの色気のある歌声とマッチするコーラス・ワーク、バックを務めるトミー・マクック&ザ・スーパーソニックスによる多彩な演奏も素晴らしい。タイトル曲、「Happy Go Lucky Girl」などヒット曲を多く収録。なかでも米国のブロンディによるカヴァーが全米チャート1位を記録した「The Tide Is High」は、レゲエ・ファン以外にも知られた名曲だ。

TREASURE ISLE COMPILATIONS & HIT SINGLES

トレジャー・アイルのオムニバス盤とその他のアーティストによるヒット曲

1950年代よりサウンドシステム"トロージャン"を運営するデューク・リードによる、自身が経営する酒屋(トレジャー・アイル)の名を冠した音楽スタジオ&レーベル。スカの時代はスタジオ・ワンの勢いに押されていたが、ロックステディ期になるとヒットと連発して全盛期を築き上げた。酒屋の上に設えた音響に優れたスタジオとトミー・マクック&ザ・スーパーソニックスによるクールな演奏は、数多くのロックステディ・クラシックを生みだした。

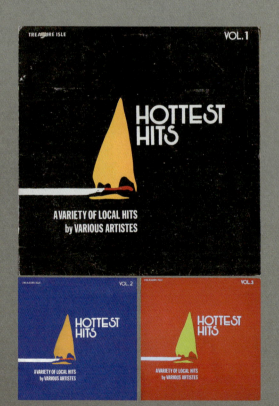

ロックステディの時代に最盛期を迎えたトレジャー・アイルの名曲たちをコンパイルしたシングル集。この音楽のムーヴメントがすでに終焉した1976年に第1弾がリリースされ、第3弾まで続いた。シングル・ヒットに重きを置いていたジャマイカにあって、トレジャー・アイルはスタジオ・ワンと比較してもアルバムのリリースが一際少ないが、本シリーズは同レーベルのヒット・シングルを万遍なく網羅した内容になっている。メロディアンズ、テクニークス、シルヴァートーンズなどの名曲を収録するが、なかでもスリー・トップスやセンセーションズはその後もアルバムのリリースがないため、本作で聴くのがオススメ。ミックスを手がけたのはボブ・マーリーの諸作でも評価の高いエロール・ブラウン。ロックステディを知るならこの3枚は避けて通れない教科書的な作品だ(右のページに掲載している7インチは、本シリーズ収録曲の一部)。

V.A.『Hottest Hits Vol. 1 〜 3』
(Treasure Isle / JA)

The Melodians「Come On Little Girl Come On」
(Soul Shot / JA)

Vic Taylor「My Heartaches」
(Treasure Isle / JA)

The Three Tops「It's Raining」
(Treasure Isle / JA)

The Jamaicans「Things You Say You Love」
(Trojan / JA)

The Treasure Boy「Love Is A Treasure」
(Treasure Isle / JA)

Phyllis Dillon「Don't Stay Away」
(Treasure Isle / JA)

TREASURE ISLE COMPILATIONS & HIT SINGLES

V.A.『Greatest Jamaican Beat - Rock Steady Baba Boom Time』
(Treasure Isle / JA)

『Greatest Jamaican Beat - Rock Steady Baba Boom Time』は、サブタイトルどおりロックステディの全盛期でもあった1968年にリリースされた作品。ジャケットに写っているのはバック・バンド、スーパーソニックスを率いたトミー・マクックだ。当時のヒット曲を網羅しており、なかでもハイライトは冒頭曲である大ヒット・ナンバー、ジャマイカンズの「Baba Boom Time」。透き通ったコーラス・ワーク、ギター&ベースのシンプルな演奏……ロックステディのお手本ともいえる楽曲だ。ほかにもテクニークスやパラゴンズ、メロディアンズらに加えて、スーパーソニックスのインスト・ナンバーも収録。『Here Comes The Duke』はUKのトロージャンからリリースされた作品。こちらもヒット曲を集めた趣きだが、ロックステディに加えてアーリー・レゲエ期のヒット曲も多少ある。本作に収録されているアーティストのソウル・ラッズとは、実質的にはクラレンドニアンズのメンバーだ。

V.A.『Here Comes The Duke』
(Trojan / UK)

Tommy McCook & The Supersonics
「Tommy's Rock Steady」
(Treasure Isle / JA)

Tommy McCook & The Supersonics「Real Cool」
(Treasure Isle / JA)

Tommy McCook & The Supersonics「Tommy At Large」
(Treasure Isle / JA)

Tommy McCook & The Supersonics「Cha Cha Rock」
(Treasure Isle / JA)

トミー・マクックはスカタライツのテナー・サックス奏者として、スカのレコーディングのためにスタジオ・ワンとトレジャー・アイルに携わっていたが、ロックステディの時代になるとデューク・リードの専属となり、バンドを結成する。そのバンドには、リン・テイト（g）、ハーマン・マーキス（sax）、グラッドストン・アンダーソン（p）、ウィンストン・ライト（org）、ジャッキー・ジャクソン（b）、アークランド"ドラムベイゴ"パークス（d）、ヒュー・マークス（d）という錚々たる面子が参加。また、マクックはサックス以外にフルートも演奏し、ロックステディの名曲を彩った。当時のトレジャー・アイルから発売されていた7インチの多くはA面にヴォーカル入り、B面はインストゥルメンタルという仕様で、完成度の高い楽曲を手がけていたのが彼らスーパーソニックスだった。カリビアン・テイストあふれるホーン・セクション、これぞトレジャー・アイルな印象的なギターが聴ける 01 、スカっぽいスウィング感があり、タイトルどおりの涼しさを感じる 02 など、どれも必聴だ。

TREASURE ISLE COMPILATIONS & HIT SINGLES

Lester Sterling With Tommy McCook & The Supersonics
「Inez」
(Dutchess / JA)

The Treasure Isle Boys「Judge Sympathy」
(Treasure Isle / JA)

The Silvertones「Midnight Hour」
(Soul Shot / JA)

The Silvertones「Old Man River」
(Treasure Isle / UK)

05 サックス奏者としてスカタライツに在籍していたレスター・スターリングが、スーパーソニックスと奏でる美しいインスト・ナンバー。ここでもマクックのフルートがいい味を出している。 06 「Judge Sympathy」のトレジャー・アイル・ボーイズとはフレディ・マッケイのことで、トレジャー・アイルのリリースではこの名前でクレジットされることが多かった。南国テイストあふれるゴキゲンなサウンドに合わせて、説教系の演説を披露する変わりネタの楽曲。 07 トレジャー・アイルのなかでも渋めのヴォーカル・グループとして知られるシルヴァートーンズの「Midnight Hour」は、ゆったりとしたリズムが心地良いビッグ・ヒット・ナンバー。 08 フランク・シナトラの「Old Man River」を軽快なロックステディとしてカヴァーした1曲。この曲のあとにスタジオ・ワンからのビッグ・ヒット「Smile」などを生みだした。

The Techniques「You Don't Care」
(Treasure Isle / JA)

The Tautans「Far Beyond The Sunset」
(Treasure Isle / JA)

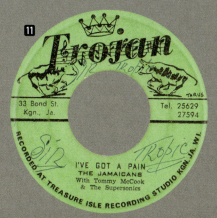

The Jamaicans「I've Got A Pain」
(Trojan / JA)

The Jamaicans「Baba Boom」
(Treasure Isle / JA)

⑨ 人気者テクニークスの「You Don't Care」はファウンデーション・リディムとしての影響力も強い1曲。リメイク・ヴァージョンではノラ・ディーン「Barbwire」などが有名だ。⑩ タータンズ「Far Beyond The Sunset」は、重厚なコーラスがゴスペル感を醸し出すレア系のヒット曲。⑪「I've Got A Pain」はのちにプロデューサーとしても頭角を現わすトミー・コーワンも在籍したコーラス・グループ、ジャマイカンズの人気曲で、均整のとれたスーパーソニックスの演奏と、優しくもコブシの利いたヴォーカルが味わい深い1枚。⑫「Baba Boom」は1968年のモンスター・ヒット曲。スーパーソニックスが得意とする洗練されたサウンドとは一線を画したファンキーな演奏に加えて、ブルージィなヴォーカルがアーリー・レゲエの雰囲気を醸し出す。クラシック・リディムとしてのちに多くのアーティストがリメイクしている。

TREASURE ISLE COMPILATIONS & HIT SINGLES

The Three Tops「Do It Right」
(Treasure Isle / JA)

The Three Tops「Sound Of Music」
(Treasure Isle / JA)

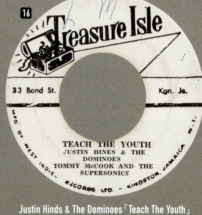

Lloyd & Glen「Jezebel」
(Treasure Isle / JA)

Justin Hinds & The Dominoes「Teach The Youth」
(Treasure Isle / JA)

⓭ センセーションズやテクニークスと並ぶトレジャー・アイルのコーラス・グループ、スリー・トップスの「Do It Right」は、ロックステディ期のど真ん中にヒットしたファウンデーション・チューン。楽曲の主旋律となるピアノのフレーズと気怠いコーラス・ワークが心地良い1曲だ。⓮ スリー・トップスはトレジャー・アイルに多くのヒット曲を残しているが、こちらもそのなかの1曲。デューク・リードはレコードの売り上げを考慮して、両面に歌モノを入れることは少なかったが、本作は裏面に同じくヒットした「It's Raining」を収録した珍しいシングル。⓯「Jezebel」は若き日のロイド・ロビンソンとグレン・ブラウンがデュエットで歌ったヒット・ソングで、跳ねるビートと艶のある二声コーラスが堪能できる。⓰ ジャスティン・ハインズ&ザ・ドミノスの「Teach The Youth」は1966年リリースで、スカとロックステディの中間をいくテンポ感が特徴だ。

Gloria Crawford「Sad Movies」
(Dutchess / JA)

Dobby Dobson「I Am A Loving Papa (Pauper)」
(Treasure Isle / JA)

The Conquerors「Lonely Street」
(Treasure Isle / UK)

Phyllis Dillon「Perfidia」
(Treasure Isle / JA)

17 「Sad Movies」はスカの時代にグロリア&ザ・ドリームレッツとして活躍したグロリア・クロフォードのソロ・シングル。ソロ名義としてトレジャー・アイルからリリースされているのはこの1曲のみ。テンポはロックステディだが、スカのスウィングするビートに乗せた美しいバラード・ソングだ。18 ドビー・ドブソンの「I Am A Loving Papa (Pauper)」は名リディムとして知られ、ジョー・ギブスのもとでルディ・トーマスがリメイクしている。19 カンカラーズにとって唯一のトレジャー・アイルからのヒットとなった「Lonely Street」。ロックステディにはお馴染みの失恋ネタで、ソウルフルな歌いまわしが聴きどころ。逆面にはスウィートなラヴ・ソングを収録する。20 「Perfidia」はトレジャー・アイルにアルバムも残し、同レーベルでもっとも成功した女性シンガーのヒット作で、ド直球のロックステディ・ナンバー。

THE ETHIOPIANS

ジ・エチオピアンズ

エチオピアンズは流動的なメンバーのなか1966年に活動を開始するが、最終的にはレオナルド・ディロンとスティーヴン・テイラーのデュオとなり、ロックステディ期にヒットを飛ばして名声を得た。代表曲でもあるWIRLからリリースされた「Train To Skaville」のベース・ラインは、トゥーツ＆ザ・メイタルズ「54-46 Was My Number」、マーシャ・グリフィス「Feel Like Jumping」など多くのヒット曲にも転用され、現在でもクラシック・リディムとして愛されている。その後、レゲエの時代に入るとJJジョンソンのもとでもヒット曲を生みだしてさらなる人気を獲得。1975年にテイラーが交通事故で他界するも、新たなメンバーを加え息の長い活動を続けた。

FOUNDATIONS

スタジオ・ワン、ゲイ・フィート、メリトーンなど、さまざまなレーベルからヒットを飛ばしたエチオピアンズ。なかでもゲイ・フィートからリリースした「The Whip」はグルーヴィな演奏を聴かせるゴキゲンな楽曲で、スタジオ・ワンでもソウル・ヴァンダーズがカヴァーしている。また、ここには掲載していないが、この時期の彼らのヒット曲といえば「Train To Skaville」も忘れられない。

「You Give Me Headache」
(Merritone / JA)

「Engine 54」
(Doctor Bird / UK)

「She - Boom」
(Doctor Bird / UK)

『Engine 54』
（WIRL / JA）

1968年リリースで珠玉のロックステディを収めた良作。タイトル曲は、当時ジャマイカ国内を走っていた汽車をテーマにしたナンバーで"プシュー"という歌詞もご愛嬌。「Long Time Now」をはじめ、ファルセットでスウィートな歌声とゆったりしたバックの演奏は、これぞロックステディという内容。少しスモーキーなテイストを持った声質は、のちのレゲエ時代に人気が出たのもうなずける。

「I'm Gonna Take Over Now」
（Studio One / JA）

「The Whip」
（Gay Feet / JA）

「Dun Dead A'ready」
（Rio / UK）

HOPETON LEWIS

ホープトン・ルイス

ロックステディ時代の始まりを告げたとされる名曲「Take It Easy」を歌ったのがホープトン・ルイスだ。1970年には「Boom-Shacka-Lacka」がフェスティヴァル・ソングで優勝するなど、多くのヒット曲を放った輝かしい経歴を持つ。一時はバイロン・リー&ザ・ドラゴネアーズのリード・シンガーとしても活躍し、1970年代のレゲエの時代にも『Grooving Out On Life』『Dynamic Hopeton Lewis』(ともにダイナミック・サウンズ)といったソウルフルな作品を残している。晩年はキリスト教徒となりゴスペル音楽に傾倒していったが、2014年逝去。

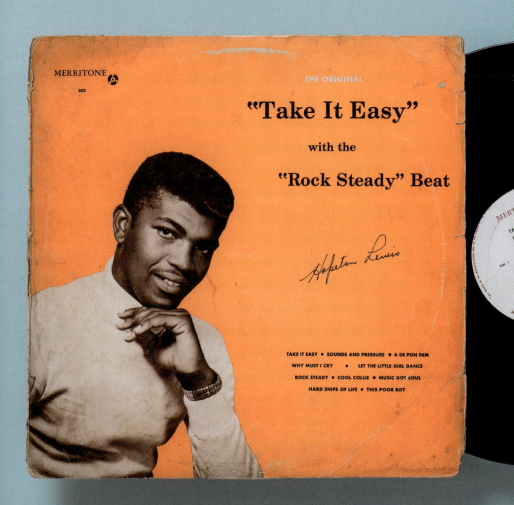

『Take It Easy』
(Merritone / JA) (Island / UK)

ルイスのキャリアでもっとも評価されるべき作品がこの1967年作。最初のロックステディ曲とも言われるタイトル曲は、バック・バンドのリーダーだったリン・テイトがメンバーにテンポを落とすように指示したのがきっかけで生まれたという。この曲を演奏していたグラッドストン・アンダーソンがロックステディという言葉を名づけたとも言われるが、それをタイトルに冠した「Rock Steady」もシンプルなリズムと優しい歌が素晴らしい、完璧なロックステディ・チューンだ。

FOUNDATIONS

アルバム解説でも触れた「Take It Easy」は、ジョニー・オズボーンの大ヒット曲「Water Pumping」でもリメイクされている。ゆったりとしたスカ・ビートが特徴の「Sounds And Pressure」、インパクトのあるイントロとファンキーなベースが耳を惹く「A De Pon Dem」はいずれもサウンド・ボーイ賛歌。USソウルを意識した歌いまわしが印象的な「This Music Got Soul」、ブギなピアノがカッコいい「Let Me Come On Home」もロックステディ・クラシックだ。

「Take It Easy」
(Merritone / JA)

「Sounds And Pressure」
(Merritone / JA)

「A De Pon Dem」
(Merritone / JA)

「This Music Got Soul」
(Island / UK)

「Let Me Come On Home」
(Merritone / JA)

「I Don't Want Trouble」
(Merritone / JA)

LYNN TAITT & THE JETS

リン・テイト&ザ・ジェッツ

ロックステディを代表するギタリストのリン・テイトは、1934年にトリニダード・トバゴで生まれた。もともと腕の立つスティール・パン奏者であったが、その後はギターへ転向して、1962年ごろにジャマイカへと移り住む。スカタライツの母体となったクラブのハウス・バンド、シークス・オーケストラにも一時在籍したが、その後は彼自身のバンド、ザ・ジェッツを率いてロックステディ期の多くのヒット曲に関与したほか、バンド名義のインスト・アルバムも残している。カリプソの影響を受けた演奏スタイルは、ロックステディのみならず、その後のレゲエにも影響を与えた。

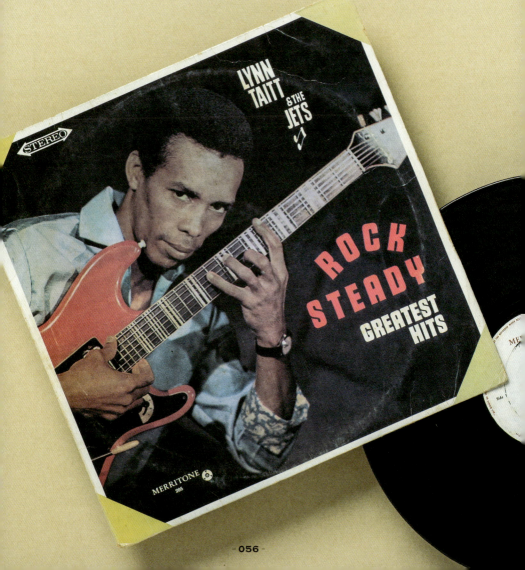

FOUNDATIONS

フィリス・ディロンも歌ったボブ・マーリー作の「Nice Time」は、テイトのギターがリードする南国感あふれるナンバー。「Bat Man」はお馴染みの映画のテーマ曲でメリトーンを代表するインスト・キラー・チューン。ピアノのホーン・セクションがファンキーな「Napoleon Solo」も名曲だ。リン・テイト&ザ・ジェッツのインスト・ナンバーを聴くと、ロックステディにとってギターがどれだけ大きな役割を果たしているのかよくわかると思う。

『Rock Steady Greatest Hits』
（Merritone / JA）

1966年にフェデラルと契約したリン・テイトはザ・ジェッツを結成。本作は当時リリースされたベスト盤。元スティール・パン奏者であり、母国トリニダード・トバゴの音楽＝カリプソの影響をたっぷりと吸収し、リズムとメロディの中間を縫うような独創的なテイトの演奏は、まさに純度100％のロックステディ・ギターだ。

「Nice Time」
（Merritone / JA）

「Bat Man」
（Merritone / JA）

「Mr. Dooby」
（Merritone / JA）

「Napoleon Solo」
（Merritone / JA）

「The Untouchables」
（Merritone / JA）

The Melotones「Soulful Mood」
（Amalgamated / JA）

GLADSTONE ANDERSON

グラッドストン・アンダーソン

1934年キングストンに生まれた"グラディ"アンダーソンは、ピアニスト／シンガーとして1950年代よりジャマイカ音楽の発展に貢献し続けてきた偉大な音楽家。スカ／ロックステディ／レゲエの時代まで、コクソン・ドッドやデューク・リードをはじめ、多くのプロデューサーたちに重宝された。トレジャー・アイルが手がけたロックステディで聴けるピアノ演奏のほとんどが彼によるものであるほか、フェデラル・スタジオからも多くの名曲を生みだした。シュガー・マイノットとともに初来日し、その後もスカタライツやルーツ・ラディックスの一員、あるいは自身のバンドでたびたび来日したが、2015年に逝去。

Gladstone Anderson / Lynn Taitt & The Jets『Glad Sounds』
（Merritone / JA）

グラディは1964年ごろに、リン・テイトとともにコメッツ（のちのジェッツ）を結成する。本作は1968年にリリースされたロックステディ期における重要なインストゥルメンタル・アルバム。デルロイ・ウィルソン「Once Upon A Time」やカールトン＆ザ・シューズ「Love Me Forever」といったロックステディのヒット・ナンバーをインストでカヴァー。グラディとテイトがヴォーカルのメロディをかけ合う演奏は、まさに極上のひととき。ご覧のとおり、当時2種類のジャケットで発売された。

FOUNDATIONS

グラディはシンガーとしてもストレンジャー・コールとともにデュエットで作品を残している。牧歌的でキャッチーなメロディを持った「Just Like A River」と「Seeing Is Knowing」は、ジョー・ギブスのアマルガメイテッドから1968年にリリースされ、ともに大ヒットを記録した。グラディのブギ・ピアノが楽しめる「Pepper Pot」、ピアノがアクセントになった「The Brush」など、リン・テイト&ジェッツのインスト曲ではグラディのピアノにも注目してほしい。

Stranger & Gladdy
「Just Like A River」
(Amalgamated / JA)

Stranger & Gladdy
「Seeing Is Knowing」
(Amalgamated / JA)

Lynn Taitt & The Jets「Pepper Pot」
(Merritone / JA)

Lynn Taitt & The Jets「The Brush」
(Caltone / UK)

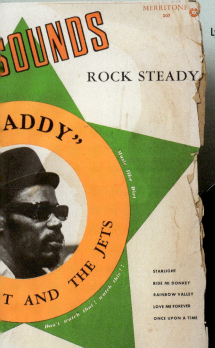

ERNEST RANGLIN
アーネスト・ラングリン

1932年生まれ。ジャズ・ギタリストとして活動し、スカタライツを結成するローランド・アルフォンソやトミー・マクックらとともに1962年に『Jazz Jamaica From The Workshop』をリリース。さらにスカの誕生に関与したほか、スタジオ・ワンのロックステディ作品にも音楽監督として関わった重要人物。以降はジャマイカ音楽とジャズのフィールに、さまざまな音楽をブレンドした作品を創出している。

『A Mod A Mod Ranglin』
(Federal / JA)

一時は英国で活動していたラングリンがジャマイカに戻り、まず契約を結んだのがフェデラル。そこから1966年にリリースした重要作がこちら。ロックステディが生まれる前夜に作られたムード満点のギター・インストゥルメンタル・アルバムだ。ラテン古典の「La Bostella」、ビートルズ「You Won't See Me」などのカヴァーもあり、ゆったりとしたスカとメントのリズムに乗せたジャズ・テイストたっぷりのラングリンの演奏を堪能できる。

BOBBY AITKEN & THE CARIB BEATS

ボビー・エイトキン&ザ・カリブ・ビーツ

キューバ生まれの偉大なスカ・シンガー、ローレル・エイトキンの兄弟であるギタリスト／プロデューサーのボビー・エイトキン。彼が率いたザ・カリブ・ビーツはロックステディ期のトップクラスのミュージシャン集団だった。バニー・リーのもとでのヒット曲が多いが、JJジョンソンやジョー・ギブスの録音にも参加していた。また、彼は自身でプロダクションも行なっていて、そのあたりはトミー・マクック&ザ・スーパーソニックスやソウル・ヴェンダーズとの違いともいえる。

V.A.『Bobby Aitken Presents Rock Steady Original And Red Hot 1966/67』
(Next Step / UK)

ボビー・エイトキン自身のプロデュースによる作品集。カリブ・ビーツによるインストゥルメンタルに加えて、ヴォーカル入りの楽曲も収録している。1966〜67年に録音された（1993年発売当時の）未発表音源をまとめたもの。ジャケットのセンスもすごいが、「Pidi Boy」をはじめ、全盛期のロックステディのキラー・チューンが満載の聴き応えのある1枚。

FOUNDATIONS

「The Russians Are Coming」は1968年リリースのキラー・チューン。ヴァル・ベネットのいぶし銀のテナー・サックス・ソロが光るインストゥルメンタル・ナンバーだ。「One Step」はカリビアンなテイストあふれるパーカッションとトロンボーンのメロディが印象に残るダンサブルな1曲。ゆったりしたスカのビートに合わせて各楽器のソロを披露する「El Bang Bang」では、かなりラフなエイトキンのギターも聴ける。

Val Bennett「The Russians Are Coming」
(Lee's / JA)

The Carib Beats「One Step」
(Double D / UK)

The Carib Beats「El Bang Bang」
(Muzik City / JA)

SLIM SMITH, THE UNIQUES
スリム・スミス / ザ・ユニークス

スカ期に登場した偉大なシンガーであるスリム・スミスは、類い希なハイトーン・ヴォイスと歌唱力を持っていた。そのため彼が在籍したヴォーカル・グループであるユニークス、テクニークス、センセーションズでは、いずれもリード・ヴォーカリストとして優れた作品を残したほか、ソロ・シンガーとしても活躍した。スタジオ・ワンやバニー・リー、フェデラルなどから作品を残しているが、もともと精神的に不安定であったこともあり1972年に精神病院に入り、翌年に悲劇的な死を遂げた。

FOUNDATIONS

Slim Smith『Born To Love』
(Studio One / JA)

スミスがスタジオ・ワンに残した唯一のアルバムで、1965〜69年のころの録音作品。タイトル曲は彼が敬愛したテンプテーションズから拝借している。優しく歌いあげるスカ調のタイトル曲や「I've Got Your Number」のほか、ファンキーなロックステディ・ナンバーとしてヒットした「I'll Never Let Go」では、彼の繊細なテナー・ヴォイスが堪能できる。ノーマ・フレイザーと歌う「Do You Love Me」も必聴だ。スミスの顔をアップにしたモノクロのジャケットでも流通している。

「Never Let Me Go」で聴ける、ボビー・エイトキン&ザ・カリブ・ビーツのどっしりとしたリディムはダンスホール時代の定番となった。インプレッションズの名曲をロックステディでカヴァーした「Gipsy(Gypsy) Woman」では、米国のソウル・シンガーに匹敵する豊かな表現力が味わえる。「Out Of Love」はオールディーズ風味のロックステディで、「Build My World Around You」は「Train To Skaville」的なファンキー・リディム。

Slim Smith「Please Don't Go」
(Federal / JA)

The Uniques「Never Let Me Go」
(Lee / JA)

The Uniques「Gipsy(Gypsy) Woman」
(Lee / JA)

The Uniques「Let Me Go Girl」
(Lee / JA)

The Uniques「Out Of Love」
(Tramp / JA)

The Uniques
「Build My World Around You」
(Island / UK)

DESMOND DEKKER & THE ACES

デズモンド・デッカー&ジ・エイシズ

世界的なシンガーであり、ボブ・マーリーが登場する以前においてのジャマイカが生んだ最高のポップ・アイコン。彼に加えてイーストン・バーリントン・ハワード、ウィルソン・ジェームズとともにジ・エイシズとして活動し、レスリー・コングのレーベルであるビヴァリーズでヒットを量産する。なかでも「007」はジャマイカはもちろん英国でも大ヒットとなり、1966年にジャマイカ国内で最優秀グループに輝く。1968年の「Israelites」も世界的なヒットを記録。1970年代には英国に拠点を移し、ヨーロッパを中心に精力的にツアーを行なったが、2006年に心臓発作でこの世を去った。

FOUNDATIONS

デッカーを一躍スター・シンガーへと押し上げたのが、1966年の大ヒット・ナンバー「007」。ビートは少しゆったりとしているものの、まだスカのパターンで、リン・テイトによる粋なギター・カッティングがカッコいい。「Unity」「Pretty Africa」は伸びやかなデッカーの歌が映えるロックステディ・クラシック。「Foo Manchu」はオリエンタルなムードが漂う彼らの代表曲の1つ。

「007」
(Beverley's / JA)

「Unity」
(Beverley's / JA)

『Action!』
(Beverley's / JA)

スカ時代から活躍するデッカーだが、1968年にビヴァリーズからリリースされた本作では持ち前の明瞭な歌声で、ロックステディに取り組んでいる。バックを務めるのはビヴァリーズ・オールスターズで、グラッドストン・アンダーソン(p)、リン・テイト(g)、ジャッキー・ジャクソン(b)、ウィンストン・ライト(k)、ジョー・アイザックス(d)らが珠玉の演奏を紡ぐ。

「Pretty Africa」
(Beverley's / JA)

「Foo Manchu」
(Pyramid / UK)

「Rude Boy Train」
(Beverley's / JA)

「Keep A Cool Head」
(Beverley's / JA)

DERRICK MORGAN
デリック・モーガン

1940年にクラレンドンで生まれたモーガンは、デューク・リードとの活動後、プリンス・バスターとともにスカのヒット曲を生みだしている。レスリー・コングのビヴァリーズではシンガーだけでなくプロデューサーとしての経験も積み、ロックステディ時代に自身のレーベル"Hop"をスタートさせている。同レーベルからのウルトラ・ヒットとなったロックステディ・クラシック、ロイド&ディヴォンの「Red Bumb Ball」をはじめ、プロデューサーの手腕も評価されるモーガンだが、シンガーとしても落ち着きと甘さを持った歌声に魅力がある。

『Derrick Morgan And His Friends』
(Island / UK)

1968年リリース。リン・テイト&ザ・ジェッツの演奏が光る「Bad Luck On Me」、ゆるやかなコーラス・ワークが心地良い「Father Killam」、バラード系の「Tears On My Pillow」など、いずれも優れたロックステディ・チューンだ。モーガンのソロ名義の楽曲以外にも、ジ・インヴェンターズやポーリン&ザ・ラヴレッツなどの音源を収録。どれも直球のロックステディばかりで聴き応えのある作品。

FOUNDATIONS

「Gimme Back」はアーリー・レゲエな雰囲気のアップテンポなナンバーで、「Want More」はギターの裏打ちが曲を支配する純度の高いロックステディ・チューン。「Revenge」ではデズモンド・デッカーとのデュエットが聴ける。「Greedy Girl」はブギ・ピアノのイントロが渋い1967年リリース作。「Real Ring Ding」はリン・テイトと思われるファンキーなギターがカッコいい1曲。

「Gimme Back」
(Island / UK)

「Want More」
(Pyramid / UK)

「Revenge」
(Beverley's / JA)

「Greedy Girl」
(Beverley's / JA)

「Do The Beng Beng」
(Beverley's / JA)

「Real Ring Ding」
(Beverley's / JA)

PRINCE BUSTER
プリンス・バスター

元祖ルード・ボーイという形容がピッタリくるプリンス・バスター。1938年生まれで、7歳のころに歌を始める。コクソン・ドッドのボディガードを経て、自身のサウンドシステム"ヴォイス・オブ・ザ・ピープル"と、同名の音楽レーベルを運営。サウンドシステムの抗争時代に多くの伝説を残したほか、英国のブルー・ビートからリリースされたゲットー生まれのルード・ボーイ目線なスカ・ミュージックは、ジャマイカはもちろんのこと、世界中で絶大な人気を誇った。その後はロックステディ期にもヒットを量産した、1960年代ジャマイカ音楽シーンの重要人物だ。

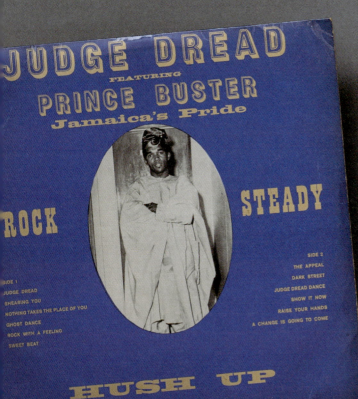

『Judge Dread』(Blue Beat / UK)

説教系ソングとして知られるロックステディ期の大ヒット曲にしてリー・ペリーとの共演作「Judge Dread」。それをタイトルに冠した1967年作。「Nothing Takes The Place Of You」は切ないギターのフレーズとともにバスターが歌いあげるロックステディ・バラード。「Rock With A Feeling」は完成度の高いインストゥルメンタル。「Shearing You」のように全体的にはロックステディだが、ホーンの鳴り方がスカっぽいのが本作の個性ともいえる。

『Fabulous Greatest Hits』
(Fab / UK)

1964〜68年にリリースしたスカ／ロックステディ音源をまとめた作品。「Earthquake」はロックステディの演奏に乗せて社会風刺な言葉を叫ぶ説教系チューン。ハモンドとサックスのかけ合いが絶妙なインストゥルメンタル「Freezing Up Orange Street」など、A面は全曲ロックステディで構成される。B面には左のブルー・ビート発の1967年作にも収録する「Judge Dread」「Ghost Dance」が並ぶ。

『She Was A Rough Rider』
(Blue Beat / UK)

1969年の発売ということもあり、「Scorcher」のようなアーリー・レゲエな曲もあるが、タイトル曲「She Was A Rough Rider」は直球の下ネタ系ソングながら演奏がスウィートなロックステディ・チューン。ルーディな雰囲気の「Wine Or Grind」も人気曲。ファットなロックステディのビートに合わせて、オーティス・レディングの名曲を豪快に歌う「Try A Little Tenderness」も必聴。

PRINCE BUSTER

FOUNDATIONS

ビートルズの「All My Loving」をロックステディでカヴァーした極上の1968年作はレア盤としても名高い1枚。リヴァーブ感たっぷりのギターとバスターの語り&口笛が聴ける「Rock & Shake」は、のちに誕生するダブの原石のよう。リー・ペリーとの共作でもある「Too Hot」はゆったりとしたスカ〜ロックステディなビートが心地良い1曲。ギターのフレーズが印象的な「Let's Go To The Dance」も名曲。

「All My Loving」
(Fab / UK)

「Rock & Shake」
(Fab / UK)

「Too Hot」
(Blue Beat / UK)

「Let's Go To The Dance」
(Olive Blossom / JA)

「Run Come」
(Olive Blossom / JA)

「Dark End Of The Street」
(Olive Blossom / JA)

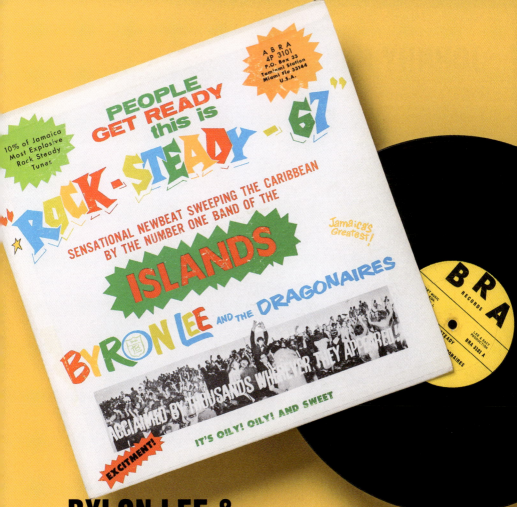

BYLON LEE & THE DRAGONAIRES

バイロン・リー&ザ・ドラゴネアーズ

ジャマイカを代表するスタジオ兼ディストリビューター、ダイナミック・サウンズ（前WIRL）の創始者であり、ジャマイカ音楽の発展に貢献してきたベーシストのバイロン・リーが率いるドラゴン楽団。アップタウンの観光客を相手にしたパーティ・バンドとして活躍するうちに培われた、器用さにあふれたサウンドは、賛否両論はあるものの、ダウンタウン生まれの音楽をアップタウンへと伝播させる重要な役割を担ってきたことは事実だ。ロックステディ期にもダウンタウンでのヒット曲のカヴァーを、リゾート感満載のサウンドとして提供していた。

『People Get Ready This Is Rock-Steady-67』
(Soul / JA) (BRA / US)

"This Is Rocksteady!"と声高々に歌う冒頭曲は、ホープトン・ルイスのあれとはまったく異なるが、アルトン・エリスの「Girl I've Got A Date」、ウェイラーズの「Bend Down Low」、デズモンド・デッカーの大ヒット曲「007」などを飄々とカヴァーした作品。何とも軽快でサラっとしたリズムのおかげか、ソウルフルなはずのロックステディが、オールディーズっぽく聴こえるから不思議だ。

JOHNNY NASH

ジョニー・ナッシュ

アメリカ・ヒューストン生まれのジョニー・ナッシュはスムースな歌声を持つソウル・シンガーとして活躍していたが、1967年にツアー先のジャマイカでロックステディに感化されて、現地にてレコーディングを敢行。「Hold Me Tight」をはじめとしたシングルは、ジャマイカはもちろんイギリスや米国でもヒットを記録。その後はボブ・マーリーのレコーディングを行なうなど、ジャマイカ音楽を世界に広める役を担った。

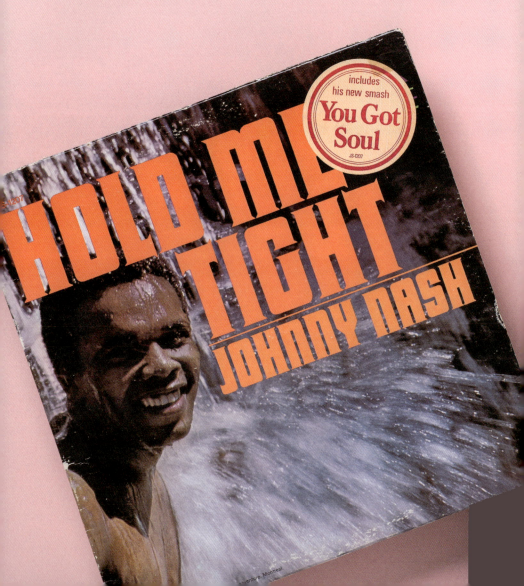

FOUNDATIONS

ロックステディ期のナッシュの代表曲はすべてアルバム『Hold Me Tight』にも収録されている。「You Got Soul」はソウルフルなナッシュ流のロックステディ・チューン、「Don't Cry」はソウルとロックステディの中間のようなサウンドが特徴。「Hold Me Tight」はナッシュにとって最良の楽曲の1つ。そのカップリングとなる「Cupid」はサム・クックのカヴァーだが、このヴァージョンを下敷きにしたエイミー・ワインハウスのカヴァーも存在する。

「You Got Soul」
(WIRL / JA)

「Don't Cry」
(WIRL / JA)

『Hold Me Tight』
(JAD / US)

ナッシュのヒット曲を冠した1968年発表作。ジャマイカに渡り、現地のミュージシャンとともに作りあげたロックステディ・ナンバーに加えて、ポップ・ソウルを収録。本作で聴けるUSソウル・マナーに則ってストリングスが導入されたロックステディ・チューンは、ナッシュ独自の作風といえるもの。シルキーなナッシュの歌声とロックステディの相性も抜群だ。

「Hold Me Tight」
(Joda / JA)

「Cupid」
(Joda / JA)

KEITH & TEX
キース&テックス

キース・ロウとテキサス・ディクソンによるヴォーカル・デュオ。デリック・ハリオットの目にとまり最初にレコーディングした曲が、その後の彼らを代表する「Tonight」となった。もう1つのヒット曲「Stop That Train」は映画『ハーダー・ゼイ・カム』のサントラにも収録されるスコッティの「Draw Your Brakes」の元ネタとしても知られている。1970年に彼らは別の道を歩むために解散したが、1997年に再会。その後は徐々に活動を本格化させ、2014年と2017年にジャパン・ツアーも行なっている。

『Stop That Train』
(Crystal / JA)

キース&テックスの代表曲を収録した1991年発売のコンピレーションLP。プロデュースを手がけたデリック・ハリオットにとっても、その手腕を世に知らしめた作品。いずれもロックステディ印なソリッドな楽曲が並んでおり、お決まりのスウィートな楽曲もあるが、のちのルーツ・レゲエにつながるような、マイナー調のコード進行を取り入れた渋いロックステディ・サウンドこそ、彼らの持ち味。

FOUNDATIONS

ロックステディ・クラシック「Stop That Train」は、もともとスパニッシュトニアンズというグループのスカの原曲をスローにアレンジしたもの。先述したスコッティを含めて、多くのアーティストにリメイクされたビッグ・リディムとしても知られる。「Tonight」は渋いギターのフレーズがカッコいいマイナー調のキラー・チューン。「This Is My Song」もこれまた渋いコーラス・ワークが光るナンバーだ。

「Stop That Train」
(Move & Groove / JA)

「Tonight」
(Move & Groove / JA)

「This Is My Song」
(Move & Groove / JA)

DERRICK HARRIOTT

デリック・ハリオット

1939年キングストン生まれのデリック・ハリオットは、シンガーとしてデューク・リードやコクソン・ドッドのもとに音源を残していたが、1966年に自らのレコード・ショップを開店させ、ロックステディの時期にはキース&テックスなどのプロデューサーとしても活躍するようになる。米国のR&B／ソウル・ミュージックを愛したハリオットは、自身でも"ジャマイカン・ソウル"を体現するような良質な楽曲を残している。

『The Best Of Derrick Harriott Vol. 2』
(Crystal / JA) (Island / UK)

ロックステディ期である1968年にリリースされた、デリック・ハリオットおよび彼のプロダクションでバック・バンドを担ったクリスタライツの演奏を収めた作品集。下記「Do I Worry」ほか、彼の落ち着きのあるソウルフルな歌声を堪能できるA面のヴォーカル曲はもちろん、清涼感のあるオルガンをフィーチャーした「Illya Kuryakin」「Patricia」や、独特のムードを持った「James Ray」など、バラエティに富んだB面のクリスタライツによるインスト集も必聴だ。

FOUNDATIONS

デリック・ハリオットの代表曲ともいえる「Do I Worry」は、甘く朗らかでソウルフルな彼の歌声が堪能できる。「Reach Out I'll Be There」はフォー・トップスの名曲のスカ調のカヴァー。南国風味あふれるギターの音色が美しい「Walk The Streets」もロックステディ期の彼のハイライト。

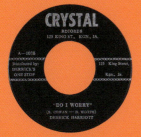

「Do I Worry」
(Crystal / JA)

「Reach Out I'll Be There」
(Crystal / JA)

「Walk The Streets」
(Crystal / JA)

BOB MARLEY & THE WAILERS

ボブ・マーリー&ザ・ウェイラーズ

いわずと知れたレゲエ・アイコン、ボブ・マーリーは、レスリー・コングのビヴァリーズからレコード・デビュー。続いてバニー・ウェイラー、ピーター・トッシュとともにヴォーカル・グループの"ザ・ウェイラーズ"としてコクソン・ドッドのスタジオ・ワンでレコーディングを開始、初録音となったスカ・ナンバーの「Simmer Down」が大ヒットを記録する。その後も数々のヒット曲を飛ばしたが、最終的にコクソンのもとを離れ、本書で取り上げるロックステディ期には"ボブ・マーリー&ザ・ウェイラーズ"を名乗り、ウェイリン・ソウルムという自主レーベルから楽曲をリリースしていた。

「Bend Down Low」
(Wail'n Soul'm / JA)

「Nice Time」
(Wail'n Soul'm / JA)

「Stir It Up」
(Wail'n Soul'm / JA)

「Mellow Mood」
(Wail'n Soul'm / JA)

FOUNDATIONS

「Bend Down Low」は自主レーベルを始めたのち、初となる音源。1966年リリースでスカとロックステディの移行期らしい小気味の良いビートが印象的。バックにはソウル・ブラザーズの面子が参加し、レコードもスタジオ・ワンでカッティングされている。その後の「Nice Time」「Stir It Up」「Mellow Mood」は、ウェイラーズが引き抜いたミュージシャンたちによるウェイラーズ・バンドが演奏を務めている。

BEVERLEY'S
ビヴァリーズ（レーベル）

中国人プロデューサーのレスリー・コングがアイスクリーム・パーラーとともに運営していたレーベル。コングはボブ・マーリーを最初にレコーディングした人物であり、英米それぞれでチャート2位を記録してスカを世界に知らしめたミリー・スモールの「My Boy Lollipop」やジミー・クリフなどのヒットにも関与。スカ〜ロックステディ時代にかけては、スタジオ・ワンに匹敵するほどの大きな影響力を持つ存在だった。コングは1971年に心臓発作で急逝し、レーベルの黄金期も終焉を迎えた。

Toots & The Maytals『Sweet And Dandy』
(Beverley's / JA)

1969年に発売されたトゥーツ&ザ・メイタルズのLP。「Just Tell Me」「We Shall Overcome」「54-46 That's My Number」「Alidina」といった、彼らのロックステディ期のヒット・ナンバーを収めるほか、2トーン・スカのザ・スペシャルズがカヴァーした「Monkey Man」や、パンク・バンドのザ・クラッシュのカヴァーで知られる「Pressure Drop」など、英国でヒットしたアーリー・レゲエのクラシックも収録。デズモンド・デッカーのLP同様、ステージの様子を捉えたジャケット写真が秀逸。

FOUNDATIONS

「54-46 That's My Number」は1968年というロックステディ期に発売された"初期ヴァージョン"で、より広く知られた1970年発売の再録ヴァージョンではタイトルが"Was"になり、トゥーツ・ヒバートによる印象的なカウントが加えられた。「El Toro」はローランド・アルフォンソをフィーチャーしたインスト・ナンバー。ビヴァリーズはアルフォンソによるこの手の優れたインスト曲が多くあるのも特徴だ。

The Maytals
「54-46 That's My Number」
(Beverley's / JA)

Roland Alphonso & The Beverley's All Stars「El Toro」
(Beverley's / JA)

Austin Faithful「Eternal Love」
(Pyramid / UK)

BUNNY LEE
バニー・リー（プロデューサー）

コクソン・ドッド、デューク・リードと並ぶジャマイカの名プロデューサー。リードのもとで宣伝マンとして働いたのち、1960年代後半のロックステディ期にプロデューサーとして音楽業界へ参入する。ロックステディ期において、彼のプロダクションではボビー・エイトキン＆ザ・カリブ・ビーツがバック・バンドを担当し、ロイ・シャーリー、センセーションズ、スリム・スミスらによる多くのヒット曲を生みだした。その後の1970年代には、アグロヴェイターズやキング・タビーとのコラボレーションにより、より大きな成功を収めることになる。

Glen Adams「Grab A Girl」
(Lee / JA)

Roy Shirley「Music Field」
(Lee / JA)

Dawn Penn「I'll Let You Go」
(Lee / JA)

The Sensations「Lonely Lover」
(WIRL / JA)

FOUNDATIONS

ロックステディ期にバニー・リーが手がけたヒット曲のごく一部がこちら。リーはスタジオ・ワンと同様に、同じリディムでほかのアーティストに歌わせる手法をよくとっていた。ロックステディらしいグルーヴの「Grab A Girl」、ゆったりとしたテンポの「Music Field」や「I'll Let You Go」は、その後リーのプロダクションで何度も登場するリディムの元となったヒット曲だ。

V.A.『Sir Lee's Rock Steady Party At Greenwich Farm』
(Dr. Buster Dynamite / EU)

V.A.『Sir Lee's Rock Steady Party
At Kings House』
(Dr. Buster Dynamite / EU)

V.A.『Sir Lee's Rock Steady Party
At Buckingham Palace』
(Dr. Buster Dynamite / EU)

2000年にスイスのレーベルよりリリースされた、バニー・リー関連の音源をまとめた決定盤。同時に3タイトルがリリースされており、マスターテープからの音源化が嬉しい。収録されている音源もユニークス、センセーションズ、グレン・アダムス、ロイド・クラーク、ロイ・シャーリー、ドーン・ペン、マックス・ロメオ、レスター・スターリングら、歌モノからインストまで幅広く、当時はこの作品をもとに、バニー・リーの7インチを探す人も多かったという教科書的な作品集。ジャマイカ音源のコンパイルを多く手がけるレーベル"ドクター・バスター・ダイナマイト"のAdrian Brakusによる選曲は、リリース当時バニー・リー本人からもお墨付きをもらったという。ちなみにマスターテープからの音源化の場合、音がキレイになりすぎてしまう場合もあるが、このシリーズは昔のレコード的な質感もしっかりと残った音質になっており、こだわりを感じさせる。そういった意味でも、バニー・リーのロックステディ音源を聴くために最適の3枚といえるだろう。

GAY FEET

ゲイ・フィート（レーベル）

ジャマイカ初の女性プロデューサーであるソニア・ポッティンジャーが運営したレーベル。ロックステディの時代にはメロディアンズやカンカラーズ、ゲイラッズ、エチオピアンズなどのヒット曲を量産して黄金期を築いた。当時、彼女が手がけた作品はすべてリン・テイト＆ザ・ジェッツがバックを務めていて、クリーンで快活な演奏と美しいヴォーカルを聴くことができる。またソニアはクリスチャンであったため、歌詞の内容にもこだわりを持っていたのが特徴ともいえる。ハイ・ノート・レーベルも彼女が運営したレーベルだ。

The Melodians「A Little Nut Tree」
（Gay Feet / JA）

Stranger & Patsy「Give Me The Right」
（Gay Feet / JA）

Monty Morris「Play It Cool」
（Gay Feet / JA）

The Valentines「Blam Blam Fever」
（Gay Feet / JA）

FOUNDATIONS

「A Little Nut Tree」は1968年の大ヒット曲で、スタジオ・ワンでもリメイクされたビッグ・リディムだが、メロディアンズの美しい歌にも注目したい。男女デュオによる「Give Me The Right」はスカとロックステディの中間といえるサウンド。「Play It Cool」はスカのヒット曲を多く持つモンティ・モリスによるタイトルどおりクールな1曲。「Blam Blam Fever」を歌うのはシルヴァートーンズの変名だ。

OTHER LABEL COMPILATIONS & HIT SINGLES

その他のレーベルのオムニバス盤とヒット曲

ここまでで紹介してきたスタジオ・ワンやトレジャー・アイル、ビヴァリーズ、ゲイ・フィート、ホープトン・ルイスやリン・テイトの作品をリリースしていたメリトーンなど以外にも、優れたロックステディを残した音楽レーベルは数多く存在する。ここではWIRLやジョー・ギブスのアマルガメイテッドといったレーベルがリリースしたオムニバス盤や、後年英米のレーベルがコンパイルした作品集、レア音源を収めた人気コンピのほか、さまざまなレーベルからリリースされた当時のヒット・シングルを紹介していこう。

V.A.『Rock Steady Beat』
(WIRL / JA)

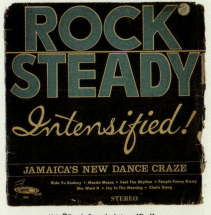

V.A.『Rock Steady Intensified!』
(WIRL / JA)

『Rock Steady Beat』はWIRLでヒットした曲をまとめた体裁に見えるが、トレジャー・アイルからリリースされていたアルトン・エリスの「Girl I've Got A Date」やメリトーンのホープトン・ルイス「Sounds And Pressure」などを強引に入れ込んだうえ、スタジオ・ワンのケン・ブース「The Train Is Coming」、ウェイラーズ「Bend Down Low」などを異なるアーティストでリメイクしたヴァージョンで収録している。

『Rock Steady Intensified!』も『Rock Steady Beat』と同じWIRL発のコンピレーション。こちらは歌い手を変えた他レーベルのリメイク曲は比較的少なく、同レーベルのヒット曲をそのまま収録した作風だ。そうはいってもリー・ペリーの「People Funny Boy」などはレーベルをまたいだ楽曲。ロックステディのファウンデーションが好きな人にはオススメしたい1枚。

OTHER LABEL COMPILATIONS & HIT SINGLES

『His Reggae Revue』は米ハートビートによる1990年リリースのオムニバスで、ダイナマイツのリーダーでもあるクランシー・エクルスが手がけた音源をコンパイル。1960年代から1972年までの音源だがロックステディの楽曲も多い。マスターテープの使用により、7インチ・ヴァージョンとは異なるオルタネイト・テイクが多いのも特徴だ。『Safe Travel〜』は、2005年にリリースされた、カルトーン・レーベルのプロデューサーであるフィル・プラット関連の音源で構成された1枚。ケン・ブースからラリー・マーシャル＆アルヴィン・レスリー、クラレンドニアンズらが残した1966〜68年の楽曲を、LP2枚にわたって収録。ホレス・アンディの初音を聴くこともできる。『Explosive Rock Plus Soul』は、1960年代にジョー・ギブスが運営していたレーベル、アマルガメイテッドに残されたロックステディ時代の楽曲をまとめた作品。ストレンジャー・コール＆グラディ、ザ・バイオニアーズなど、当時のヒット曲を中心に構成される。日本ではあまり認知度がないが、同レーベルのロックステディは良質な楽曲が多い。

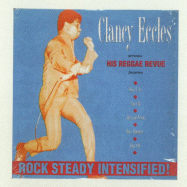

Clancy Eccles（V.A.）『His Reggae Revue』
(Heart Beat / US)

Phil Pratt & Friends（V.A.）
『Safe Travel – The Rare Side Of Rocksteady』
(Pressure Sounds / UK)

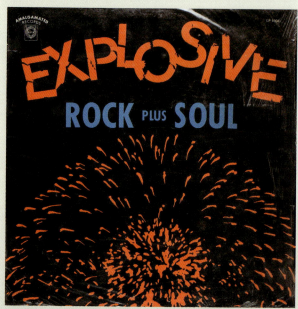

V.A.『Explosive Rock Plus Soul』
(Amalgamated / JA)

『Jamaican Memories』は、UKでジャマイカ音楽を配給していたブルー・キャットが1968年にリリースしたコンピレーションで、スタジオ・ワンやトレジャー・アイルなどの大手から、スモール・レーベルまでを網羅している。表題となったロイ・リチャーズの「Jamaican Memories」は、シングルとしてリリースされておらず、本作のみに収録されている曲。またソウル・ブラザーズのレア曲でもある「Free Soul」や、7インチ化されていない同「Sound And Music」なども収めているため、マニアからも人気の高い1枚。『Reggae To The UK With Love』は、1960年代から1970年代の半ばにジャマイカで運営されていたマイナー・レーベル"Kismet"の音源をイギリスのパマがコンパイルしたアルバム。同レーベルのプロデューサー、パトリック・ハーティが知らぬ間にマスターテープがイギリスに持ち込まれ、勝手にリリースされてしまったといういわくつきの作品。コレクターに人気のあるレアな楽曲も収められており、このLPもプレミア化している。

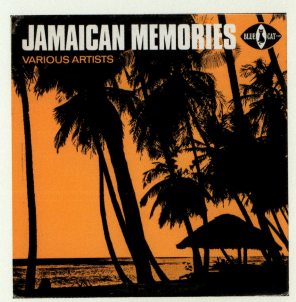

V.A.『Jamaican Memories』
(Blue Cat / UK)

V.A.『Reggae To The UK With Love』
(Pama / UK)

OTHER LABEL COMPILATIONS & HIT SINGLES

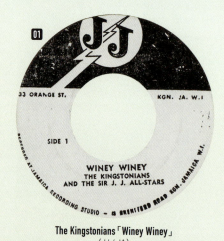

The Kingstonians「Winey Winey」
(JJ / JA)

Carl Dawkins「Baby I Love You」
(JJ / JA)

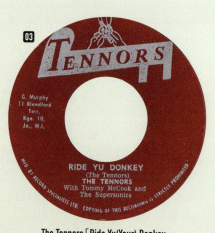

The Tennors「Ride Yu(Your) Donkey」
(Tennors / JA)

The Cats「Swan Lake」
(BAF / UK)

01 キングストニアンズの「Winey Winey」はJJレコードがリリースしたなかでも、もっともヒットした1967年発表のナンバー。シンプルなロックステディ・サウンドと覚えやすいメロディが印象的。02「Baby I Love You」もカール・ドウキンスの作品のなかでもトップ・セールスを誇った1枚。03 コーラス・グループ、テナーズにノーマン・デイヴィスが加入してから発表した「Ride Your Donkey」は、シンプルなギターとピアノがイニシアチヴを握るロックステディ。これらの3曲は今でも現場でよくプレイされるヒット・ナンバーとして知られている。04 BAFから1968年にリリースされた「Swan Lake」は、英国のバンドであるザ・キャッツが「白鳥の湖」をインストゥルメンタルのロックステディとしてカヴァーした楽曲。

Dandy「Rudy A Message To You」
(Ska Beat / UK)

The Federals「Penny For Your Sound」
(Scotty / JA)

Errol Dunkley「Please Stop Your Lying」
(Amalgamated / JA)

Ewan & Jerry「Dance With Me」
(Jolly / JA)

05「Rudy A Message To You」はジャマイカ生まれのシンガー、ダンディ・リヴィングストンが渡英してから制作したUKロックステディ・クラシック。2トーン・スカ・バンドのスペシャルズがカヴァーしたことでも知られる。06 フェデラルズは「Stop That Train」のリメイク・ヒットでも知られるスコッティことデリック・スコットが在籍したグループで、バニー・リーの力を借りながらもセルフ・プロデュースで制作したのが「Penny For Your Sound」。優しいヴォーカルが哀愁を漂わせるナンバー。07 エロール・ダンクリーのこの曲はジョー・ギブスのプロダクションのなかでも屈指のヒット・チューンで、今でもダンスホールでよくプレイされるクラシック。08 イワン&ジェリーはボビー・エイトキン&ザ・カリブ・ビーツがバックを務めるプロダクションで、1967年にリリースされた「Dance With Me」は英国でもヒットした楽曲。

OTHER LABEL COMPILATIONS & HIT SINGLES

Donnie Elbert「Without You」
(Deram / UK)

Lloyd Clarke「Young Love」
(Blue Cat / UK)

Dermott Lynch「Hot Shot」
(Flame / JA)

The Inventors「Fool Of Love」
(Hop / JA)

⑨ ドニー・エルバートはアメリカのシンガー。1968年にリリースした「Without You」は、エルバートがイギリスに行ったときにバニー・リーのロックステディのリディムに乗せてレコーディングしたもので、英国やヨーロッパのほか、ジャマイカでもヒットを記録した。⑩ ロイド・クラークのロックステディ・ナンバー「Young Love」は、ジャマイカン・ラヴ・ソングとして有名な曲で、のちにUKラヴァーズ歌手バーバラ・ジョーンズにもリメイクされている。⑪ デルモット・リンチ「Hot Shot」は、スタジオ・ワン近辺で活躍したプロデューサー、チャールズ・ロスが手がけたレーベルのヒット曲で、イギリスではブルー・キャットからリリースされている。⑫ インヴェンターズ「Fool Of Love」はデリック・モーガンがロックステディ期に運営したレーベル"Hop"からリリースされた1曲で、モーガン自身が歌うクラシック・チューン。

Part 2

MORE MELLOW MOOD

ロックステディのレコードに針を落とすとき、"あのスウィートなメロディやハーモニーが聴きたい"ということが動機なら、時代は違っても聴かれるべき作品はもっともっとあるはず。そんなジャマイカン・ミュージックのメロウ・サイドを愛する人のために厳選したアルバム・セレクション。

選盤：石井"EC"志津男、TOMMY FAR EAST、服部 健
文：伊藤大輔（I）、藤川 毅（F）、服部 健（H）

MORE MELLOW MOOD

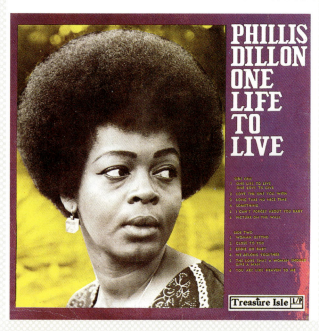

Phyllis Dillon『One Life To Live』
(Treasure Isle)

1972年発売。トレジャー・アイルの歌姫による唯一作ということもあって、一般的にはロックステディの名盤として流布しているアルバムだが、制作時期を考えれば本来はレゲエの作品として分類するのが妥当。とはいえ、タイトル曲ほか極上にスウィートな楽曲の数々を聴けば、ジャンル分けがむなしく思えてくるのも事実。ボブ・マーリーの名曲をカリプソ風味でカヴァーした人気の「Nice Time」のほか、もはや裏打ちすら刻まないビートルズ「Something」、カーペンターズ「Close To You」といったカヴァーも名演。(H)

Myrna Hague『Melody Life』
(Studio One)

ジャマイカ出身のジャズ・シンガーが、1970年代にスタジオ・ワンに残したスウィートな名品。マーシャ・グリフィスがロックステディ期に残した作品のカヴァーであるタイトル曲やノーマ・フレイザーでも知られる「First Cut Is The Deepest」など、ロックステディと地続きで聴けるA面も良いが、4ビートで本来の姿を披露する「Time After Time」(フランク・シナトラが原曲のジャズ・スタンダード)、同系統の「On A Clear Day」などを挿入しながらラヴァーズ調の楽曲を多数収めたB面の流れが秀逸。(H)

Carlton & The Shoes『This Heart Of Mine』
(Quality)

傑作として名高い2ndアルバム。1人残ったカールトン・マニングが多重録音でコーラスも担当し、ここでも素晴らしいハーモニーを聴かせる。フリー・ソウルとしての寵愛を受け、フィッシュマンズの引用でも知られる「Give Me Little More」のほか、溜め息が出るほど美しい楽曲が並ぶが、袂を分かった兄弟が結成したアビシニアンズを思わせるようなルーツ・トラックもある。1982年にUSとUKで発売され、その後ジャケットのフォントを変更したジャマイカ盤LPが流通。オーバーヒート配給の日本盤CDもロング・セラーを記録した。(H)

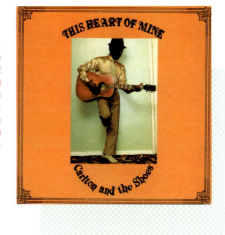

Carlton & The Shoes『Sweet Feeling』(Quality)

ジャケットに写るカールトンの髪形が、デジタル時代への突入を知らせる3rdアルバム。実際、シンセサイザーの多用など時代の流れにも対応しているが、ここでも美しいハーモニーは不変で、「Sweet Feeling」「All My Love」「Won't Stop Loving」といった聴き逃し厳禁の佳作が並ぶ。「Love Me Forever」から時代が大きく変わっても、彼の歌声と折り重なるコーラスの響きにロックステディを感じずにはいられない。(H)

Alton Ellis『Sunday Coming』(Studio One)

スタジオ・ワンからリリースされた1971年作。少し早まったテンポ、独立して雄弁に歌うベース・ライン、"スチャラカ"と掻き鳴らされるギターなど、そこかしこにアーリー・レゲエのテイストを感じるが、スウィートなエリスの歌に加えて、美しいハーモニーはロックステディ期と変わらない魅力があり、それが逆に初期レゲエのサウンドともマッチしている。楽曲もマイナー調から陽気なものまでバリエーションが豊富で、聴き応えがある。(I)

Sonya Spence『Sings Love』(High Note)

女性シンガー・ソングライターのソニア・スペンスがハイ・ノートに残した2枚目の作品で、1981年のリリース。キングストンのアクエリアス・スタジオで録音されたこの時代にしてはシンプルなトラックに乗せ、フィリス・ディロンにも似た包容力のあるしっとりとした歌声が表現するジャマイカ音楽のメロウネス。全曲彼女自身のペンによる良曲が並ぶが、なかでも終盤の「Let Love Flow On」はジャマイカン・ソウルの名曲として人気があり、近年、紙ジャケットCDおよび2LPによるリイシュー盤も出まわっている。(H)

MORE MELLOW MOOD

Winston Francis『Mr. Fix It』
(Studio One)

初期レゲエ期のスタジオ・ワンにとって欠かせない存在でもあったウィンストン・フランシスの1969年作。ソウル・シンガーさながらの歌唱力を持ったフランシスだが、その声に深めにかけられたリヴァーブ感が、レゲエ・テイストをより色濃く感じさせる。タイトル曲は彼にとって最大のヒット作。4つ打ちのビートに乗せて、メランコリックに歌いあげるスウィートなレゲエ・ナンバーは、ロックステディ/レゲエという観点を抜きにしても素晴らしく、多くのアーティストにもカヴァーされている。(I)

John Holt『A Love I Can Feel』
(Studio One)

トレジャー・アイルにおいて傑出した活躍をみせたコーラス・グループ、ザ・パラゴンズのメンバーでもあるジョン・ホルト。本作はグループにボブ・アンディが在籍した時期の古巣でもあるスタジオ・ワンより1970年にリリースされたソロ作であり、彼にとって代表作でもある。ラヴァーズ調な「Love I Can Feel」や「Stranger In Love」などは白眉の出来。後者はロックステディを彷彿とさせるカリビアンなギター・プレイが耳に残る。だが、こちらもヴォーカルに深めにかけられたリヴァーブ感がアーリー・レゲエ期のスタジオ・ワンらしい音像を作り上げている。(I)

Roland Alphonso『The Best Of Roland Alphonso』
(Coxsone)

スカタライツのメンバーとして、その後はソウル・ブラザーズとしてスタジオ・ワンを支えたサキソフォニスト、ローランド・アルフォンソが1970年代に同レーベルに残したソロ・アルバム。冒頭を飾る「Jazz Steady」はポップ&ザ・ベルトーンズの「Not For A Moment」、B面アタマの「Musical Happiness」はザ・ヘプトーンズの「Why Did You Leave」といったように、スタジオ・ワンが生みだしたロックステディ〜アーリー・レゲエ期のクラシック・リディムに乗せて、ときに幽玄に、ときにメロディックなホーンを響かせる大名盤。(I)

Slim Smith『Everybody Needs Love』
（Economy）

テクニックス、ユニークス、センセーションズと多くのヴォーカル・グループでも活躍したスリム・スミス。ソロ名義ではバニー・リーのもとで活動していたが、本作はUKのパマ傘下のレーベルがロックステディ期以降の音源をまとめたもの。アルバム・タイトル曲でもある「Everybody Needs Love」はアーリー・レゲエなアップテンポな演奏に、艶やかで巧みなスミスの歌唱が堪能できる名曲。そのほかにも「I've Been Terorised」や「On Broadway」など初期レゲエな楽曲が多く、スキンズ・レゲエ・ファンの間でも人気の高い作品だ。(I)

Jackie Mittoo『Let's Put It All Together』
（United Artists）

ロックステディ期にはソウル・ヴェンダーズで中心的役割を担い、スタジオ・ワン、移住先のカナダ、UK、さらには米ワッキーズと、時代とともにさまざまなレーベルに作品を残したジャッキー・ミットゥ。ジャンルを越えて愛される人気作が多くあるが、メロウという視点なら流麗なストリングスとミットゥの躍動するオルガンが絡み合う本作を推したい。トロント録音の1975年作で、ニール・セダカ「Laughter In The Rain」、ロバータ・フラック「Feel Like Makin' Love」などのカヴァーが、本作をより一層親しみやすいものにしている。(H)

V.A.『Your Jamaican Girl』
（Bamboo）

1970年前後のわずか数年間にスタジオ・ワン音源を英国で配給していたバンブー・レーベルが、1971年に編んだオムニバス盤。ザ・ゲイラッズによる同年のヒット「My Jamaican Girl」のラリー・マーシャルによるカヴァーのほか、ヴァイブが揺れるトラックの上に語りを乗せたウィンストン・ウィリアムス「Still Love」、毎度心地良いギターを聴かせるアーネスト・ラングリン「Oh My」など、アーリー・レゲエ期に生まれたスウィート＆メロウな楽曲を多数収めているのがポイント。本レーベルのコンピレーションはほかにも同趣向のものがあって見逃せない。(H)

MORE MELLOW MOOD

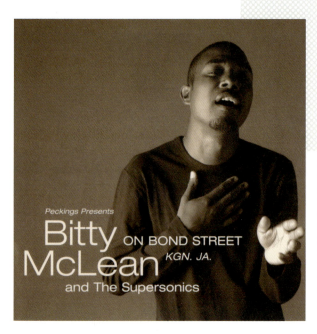

Bitty McLean & The Supersonics『On Bond Street KGN. JA.』
(Peckings)

UB40のスタジオのエンジニアだった英バーミンガム出身のシンガー、ビティ・マクリーンの2004年作。トレジャー・アイルのイギリスでの代理店でもあったレコード店、ペッキングスの提供による同レーベルのオリジナル・リディムでビティが歌う。アルバム・タイトルはトレジャー・アイルのあった地番。ビティの甘い歌唱と相俟って好評を博し、ロックステディ再評価の一翼を担った。アルトン・エリスの曲のリズムでデイヴィッド・ラフィンの「Walk Away From Love」をカヴァーした冒頭曲はシングルでも大ヒット。(F)

Bob Andy & Marcia Griffiths『Young Gifted And Black』
(Trojan)

ジャマイカきっての名シンガーによる男女デュエット作。ボブ・アンディは別項でも紹介したが、マーシャ・グリフィスはジャマイカでもっとも成功した女性歌手で、ウェイラーズのコーラス隊=アイ・スリーズの一員としても知られる。本作のタイトル曲はニーナ・シモンのカヴァーで、ストリングスを導入したゴージャスなアーリー・レゲエ調の演奏と快活な歌唱により、1970年のヒット・ソングとなり、2人の知名度を世界へと広げた。ほかにもマーヴィン&タミー・テレルのカヴァーなど名曲揃いの作品。(I)

Louisa Mark『Break Out』(Bushays)

10代半ばで最初期の英国産ラヴァーズ・ヒット「Caught You In A Lie」を歌って以降、ラヴァーズ・ロックを代表する存在となったルイーザ唯一の1981年のアルバム。1970年代の半ば以降にブシェイズからリリースされた曲を中心に編まれ、「6, Six Street」「Even Though You're Gone」など、代表曲ズラリ。ロリ声ラヴァーズの代表格というべきルイーザの歌唱はもちろん、楽曲提供や演奏の中心的な役割を果たしたザバンディスのジョー・チャールズやジ・イン・クラウドらの仕事ぶりは特筆モノ。(F)

Part 3

VINTAGE LABEL COLLECTION

ジャマイカン・オールディーズとじっくり向き合うなら、7インチの収集が不可欠となる。動画サイトでレア曲が手軽に聴ける現代にあって、そんなディープな世界に足を踏み入れるかどうかは読者の自由だが、当時どんなレーベルが存在し、どんなデザインで楽曲が世に送り出されていたのかは知っておいて損はない。ジャマイカ音楽のスペシャリストとして15,000枚ものシングルを所有するというTOMMY FAR EASTによるマニア垂涎のセレクション。

選盤・解説：TOMMY FAR EAST

— VINTAGE LABEL COLLECTION —

1から11はいずれもスタジオ・ワンのコクソン・ドッドが手がけたプロダクションのレコード。デューク・リードやプリンス・バスターなど、1人のプロデューサーが複数のレーベルを使い分けることは珍しくないが、彼ほどヴァリエーションを使い分けた例は珍しい。名曲「Love Me Forever」などは 3 4 のSupremeが初出だった。5〜6はロックステディ

期のみに使われ、わずかしかリリースが確認されていない珍しいレーベル。9 はニューヨークに拠点があったランディーズが流通したと思われるUSオンリーのデザイン。11 はバイロン・リー系のレーベルからリリースされたコクソンのプロデュース作。12 はロックステディ隆盛のタイミングで業界に参入したバニー・リーのレーベル。

VINTAGE LABEL COLLECTION

13〜16はデューク・リード・プロデュースにより、ロックステディの名曲を数多く残したトレジャー・アイル関連のレーベル。16のTrojanはUKのレーベルとは無関係とされる。同じくロックステディ期に多くの作品を残した17〜19のGay Feetは、女性プロデューサーであるソニア・ポッティンジャーのレーベル。20のHigh Noteも彼女によるレーベルで、

21 のSEPは夫であるリンドン・ポッティンジャーのレーベル。22 23 のWest Indies Records Limited ことWIRLと 24 のFederalは、ともにプレス／レコーディング／流通を担った会社で、自社のレーベルで作品をリリースするだけでなく、独自のスタジオを持たない（持つ前の）プロデューサーたちにレコーディングの環境を提供した。

VINTAGE LABEL COLLECTION

25のMerritoneは、本書でインタヴューも掲載しているFederalのスタッフだったキース・スコットとサム・ミッチェルがプロデュースした、ロックステディを語る上では外せないレーベル。混同されることが多いが、当時存在した同名のサウンドシステムとは無関係。一方の26 27は同名のサウンドシステム発のレーベル。初期はスタジオ・ワンでレコーディングを

行なっていた。28 はレゲエを代表するプロデューサーの1人、ジョー・ギブスが1966年に設立し、1970年ごろまで使っていたレーベル。29 〜 31 もギブス関連のプロダクション。32 〜 34 はプリンス・バスターのレーベル・ヴァリエーション。35 36 はシンガーとしても知られるデリック・モーガンがプロデューサーとして才能を発揮した作品。

VINTAGE LABEL COLLECTION

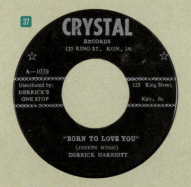

37 はデリック・ハリオットがプロデュースしたレーベル。38 39 は1970年代のイギリスでヒットを飛ばすレゲエ・シンガーのルビー・エドワーズのプロダクション。40 〜 42 はバイロン・リー関連の作品を数多くリリースしていたレーベルで、41 は中国語で歌われる珍品。43 はのちに自身のブラック・アーク・スタジオを牙城として独自のサウンドを追求した

リー・ペリーの初期のレーベル。44 はアルトン・エリスが自ら立ち上げたレーベル。45 46 のCaltoneはプロデューサーのケン・ラックによるレーベルで、トミー・マクック&ザ・スーパーソニックスが多くのバッキングを務めた。そのサブ・レーベルである 47 48 は、元スカタライツのジョニー・ムーアとトミー・マクックの名前を組み合わせたもの。

VINTAGE LABEL COLLECTION

49 50 はキングストニアンズ「Winey Winey」とカール・ドウキンズ「Baby I Love You」
をヒットに持つレーベル。51 も同系列ながらおそらく本盤のみで使用された非常に珍しい
レーベル。52 はサービスエリアのオーナーによるレーベル。同じくマイナー・レーベルの
53 54 はプロデューサー、チャールズ・ロスにより5、6枚の作品を残した。55 56 のJolly

55 はイワン&ジェリー「Dance With Me」のヒットで知られ、UKにも拠点を持った。57 はパトリック・ハーティが興したレーベルで、ロックステディ期のリリースを中心に1970年代まで存続した。58 はパラゴンズによる本盤のみのリリース。同じく1枚しかリリースが確認されていない 59、3枚ほどのリリースがある 60 は、詳細不明の超マイナー・レーベル。

VINTAGE LABEL COLLECTION

61 はここに掲載した「Cantelope Rock」がヒットしたレーベルで、3、4枚のリリースがある。62〜66 はいずれも数タイトルのリリースのみという超マイナー・レーベルで、64 は当時存在した同名のサウンドシステムの関連と推察される。67 からはUKのレーベルを紹介していこう。67〜72 のIslandは、ボブ・マーリーのリリースをはじめ、ジャマイカン・ミュー

ジックを世界に広く知らしめる役割を担ったレコード会社で、スカ時代からジャマイカのさまざまなプロダクションの楽曲をリリースしていた。スカ時代に比べ、ややリリース量が減った印象のあるロックステディ期には、デリック・ハリオットやストレンジャー・コール、デリック・モーガンなどのリリースが目立つ。

VINTAGE LABEL COLLECTION

73 もリリース量が多く、オリジナル・シングルを収集するファンにはおなじみのIsland系列のレーベル。フェデラルでエンジニアを務めていたオーストラリア人のグレアム・グッドオールが手がけていた。74 もグッドオールによるレーベルで、ビヴァリーズ音源を英国配給。75 のRIOもスカ時代からライセンス・リリースを続けてきたレーベル。76 〜 78 はスタ

ジオ・ワンのUK盤。79 80 は1960年からジャマイカ音楽を英国に紹介してきた老舗で、ロックステディ時代には同系列のFabともどもプリンス・バスター関連の作品を数多く配給。81 〜 83 はバニー・リーやJollyレーベルの音源のほか、ダンディ・リヴィングストンのリリースで知られるレーベル。84 は文字通りUKリリースされたHigh Note音源。

VINTAGE LABEL COLLECTION

85 は言わずと知れたレゲエ・シーンにおけるビッグ・レーベルで、ロックステディ時代には
トレジャー・アイルの音源を多く配給した。86 〜 89 はTrojan傘下のレーベルとして1968
〜 1969年のわずか2年ほど存在。スタジオ・ワンやジョー・ギブス、各種マイナー・レー
ベルの音源のほか、独自のUK録音の作品も発売していた。90 も同じくTrojan系列のレー

ベル。91 92のPamaもレゲエ史においては広く知られたレーベルで、傘下の93〜95の
レーベルとともに、クランシー・エクルスやバニー・リー、スタジオ・ワンなど、さまざまな
プロダクションの音源をリリース。96は同名のレコード・ショップが運営したレーベルで、
ボビー・エイトキンの音源を英国リリース。15、16枚のカタログが確認されている。

VINTAGE LABEL COLLECTION

97 98 は同名のジャマイカのレーベルの音源をUK配給。99 100 も同様だが、こちらはUK独自の録音も行なっていた。101 はジャマイカからイギリスに渡ったプロデューサー、サー・コリンズによるレーベルで、バニー・リーのトラックなどを使い、オーウェン・グレイやリコら英国在住のミュージシャンによる録音を行なっていた。102 はそのサブ・レーベル。

Part 4
SELECTOR'S CHOICE

なにか新しい音楽を聴いてみようというとき、単にクラシックとされているものだけでなく、先達が推薦する盤や曲に耳を傾けてみるのも、自分なりのお気に入りを見つけるための近道になる。ミュージシャン、DJ、レコード・ディーラーから漫画家やスケーターまで、国内外のロックステディ・ラヴァーをセレクターに迎え、その魅力を語ってもらいながら、彼らの愛聴盤／曲を紹介しよう。

1992年にドリームレッツに参加し、国内において早い段階からロックステディのサウンドを追求、現在はマット・サウンズを率いて数々のレジェンドたちとの共演を果たしているマルチ・プレイヤーの森俊也。その森俊也と2001年のアルトン・エリス来日公演でともにバック・バンドのメンバーに名を連ね、エゴ・ラッピンのギタリスト／作曲家としてロックステディと親密な距離感を保ちながらも幅広い音楽性を披露してきた森雅樹。偶然にもともに森の姓を持つ2人が、"プレイヤー目線から見たロックステディ"をテーマに語ってくれた。

取材・文：伊藤大輔　撮影：小原啓樹

ロックステディとの出会い

――ロックステディとの出会いについて聞かせてください。

Matt森　ドリームレッツをやり始めたころだから、1990年代初めぐらいです。ジャマイカの音楽と出会ったのは、もう少し古くて1985年くらいですが、最初はダブが好きで聴いていて、そこから派生したものや別の時代のレコードを買ううちに、古いロックステディなども聴くようになりました。

――ダブがジャマイカ音楽の入り口だったんですね。

Matt森　最初はそうです。アップセッターズなどのアーリー・レゲエや後期ロックステディ……ちょっとファンキーになっていくあの感じが好きでした。もともとミーターズが好きで、後期ロックステディって、オルガンやドラムの音の感じがニューオリンズ・ファンクと似ていたんです。だから後期のロックステディもニューオリンズのファンクと同じ流れで聴いていました。

EGO森　アーリー・レゲエとかアップセッターズが入りやったとは知りませんでした。

Matt森　トロージャンのLPがアップセッターズ・コレクションとかいって日本盤で売っていたんだよね。『Return Of Django』よりもう少しあとの、1960年代末から70年代ぐらいの作品かな。

――まわりにそういうアーリー・レゲエやロックステディを聴いている人はいましたか？

Matt森　東京に出てきてから誘われたバンドには、そういうジャマイカの音楽に詳しい人がいたし、オレンジ・ストリートというレコード屋に通っていて、そこからドリームレッツも始まったって感じです。あと、その前から渋谷にあったライオン・ミュージック・レコーズという店でもVPのデッドストックを仕入れて売っていた時期があったんですよね。そのなかに80s、70s、60sのレコードも少し入っていて、最初は今まで聴いていた音源とは全然違う感じがしたから、なんだろうこれ？って感じでしたけど、聴いているうちに好きになっていました。

――EGOの森さんはどうでしたか？

EGO森　僕は南大阪出身で、若いころはダンスホール・レゲエの全盛期だったんで、レゲエって岸和田とかの南大阪のサーファーたちが聴いてたり、車にウーファー積んで流しているイメージでした。ジャマイカの音楽はそういうイメージから入ったので、最初はやかましい音楽だと思って、とっつきにくい感じでした（笑）。ダブもリー・ペリーもアップセッターズも知らなかったし、DJやセレクターがかける音楽という認識でしたね。自分もまわりも若いころはロックを聴いていたから、環境的にロックステディにはたどり着いてなかったんです。今、思えば高校のころ、学校をサボってレンタルして観た映画『ドラッグストア・カウボーイ』のエンディングでデズモンド・デッカーの「イスラエルちゃん（Israelites）」が流れていたんですよ。そのときはそれがロックステディという認識はなかっ

僕がイメージする典型的なロックステディは
1967年のレコードだけ
——森 俊也

たですけど、サビがなくて不思議な曲だと思いましたね。でも、映画には合っていて印象に残っていて。その後、20歳くらいのときに付き合っていた女の子がロックステディが好きで、家でずっとかかっていましたけど、そのときもまだグッとはこなくて(笑)。グッときたのは自分がバンドを始めて、ロックステディの曲を作ったときです。エゴ・ラッピンで「a love song」を作ったとき、ギターの裏打ちカッティングとヴォーカルの2人のデモ・テープを元にデタミネーションズがしたロックステディ・アレンジを生で肌で感じて、美しくムードのある音楽だと気づかされました。それからドリームレッツにも興味を持って、僕はそこからですね。

サウンドの特徴

—— 派手なディレイがあるダブなどと比べて、ロックステディの特徴って少しわかりにくいと思うのですが、この音楽を面白いと感じたのはいつごろですか?

EGO森 ドリームレッツのライヴを観に行ったときですね。京都のメトロで聴いて"これがロックステディか!"と感じる独特の音色に気がつきました。すごくムードがあって、チープでビザールな音像、単純やけど自然と身体が揺れるグルーヴ感、そこに魂を吹き込む秋廣さんのビザール・カッティング・ギターに聴いたことのないロック・バンドを観た感じでした。

—— お2人のなかで"ここがロックステディだ"と思う音楽的な特徴や、その傾向を教えてください。

Matt森 初期の1967年くらいまでのリズム・パターンはスカのテンポが落ちただけだったり、遅めのロックステディも早めのロックステディも同じ構造でできていますね。あと、ギターやオルガンがどう弾いているのか、ホーンが入っているかどうかってこともありますが、ロックステディの時代になってホーンの重要性が

かなり減ったように思います。スカの時代は当たり前のようにホーンがいて、バック・ビートもしっかり鳴らしていたけど、そういった音楽のルールのようなものが減って、編成がシンプルなスタイルに寄っていったような気がしますね。スカって、ミュージシャンたちが当時使っていた楽器やレコーディング・スタジオの部屋の影響がすごく大きいと思いますが、音の感じが不思議なんですよ。多分マイクも2〜3本で録音しているから、マイクから離れている楽器は小さかったり……あとはドラムの音がすごく近いものや遠いものがある。それに対してロックステディは違う印象を受けますね。コクソン・ドッドのスタジオ・ワンはまだドラムの音が遠い感じですが、トレジャー・アイルやフェデラルは、ミキサーが早い時期に入ったのか、マルチ・マイクで録ったような"音の近さ"を感じます。

——EGOの森さんはロックステディの質感を出すために、何か研究しましたか？

EGO森 まったく同じではなくても、当時の楽器の音の質感を聴いて、自分なりのロックステディをやろうとはしていました。極端な話、演歌を聴いていてもロックステディのギターだなって感じるときもありますし。

レジェンドとの共演

——お2人は2001年のアルトン・エリスの来日時に一緒に演奏していますが、そのときのことを教えてください。

Matt森 アルトンはカッコいい人でしたよ。でも、アルトンが連れてきたファミリーの1人が食事が合わなくて（笑）。

EGO森 でも、みんなステージに立つとパリッとするんですよ。全員ちゃんと踊るし、エンターテイナーとしてのプライドの高さを感じました。それもあって、みんなカッコよかったですよ。

——Mattの森さんはほかにもリロイ・シブルスをはじめ、来日した多くのジャマイカのシンガーのバック・バンドを担当されていますが、彼らから何か学んだことはありますか？

Matt森 実際にジャマイカ音楽をクリエイトした人たち……たとえばリロイ・シブルスが僕のドラムでベースを弾いてくれたりすると、自分がジャマイカ音楽に対して疑問に思っていたりぼんやりしていたことが、すごく腑に落ちるんですよね。すごくやりやすいベースだし、ストレスがないところに入ってきてくれるというか。

——アルトン・エリスのバックをやったときのメンバーがドリームレッツにEGOの森さん、デタミネーションズの福永有次さん、巽朗さん、icchieさんという編成だったんですか？

EGO森 そうですね。その編成でレコーディングもやりました。僕にとっては、初めてのロックステディのレコーディング体験でしたね。

——レコーディングはどうでしたか？

EGO森 もう、緊張しかなかったです（笑）。アルトン・エリスもそうやけど、ドリームレッツとバック・バンドをやること自体に緊張しました。アルトンはちょっと年上すぎるから、逆にそんなに緊張はしないというか（笑）。

レーベルごとのサウンドの違い

——先ほどMattの森さんの話でも少し出てきましたが、ロックステディ期のレーベルごとのサウンドの違い、また、それぞれのレーベルの好きなところなどがあれば教えてください。

Matt森 スタジオ・ワンとトレジャー・アイルだと音が違うもんね。それって簡単に言うと、録音していたスタジオの鳴りの違いってこと。楽器も機材も多分マイアミとかから買ってきているから、そんなに違いはないと思う。アメリカ製の機材を、自分たちがやりやすいように改造しながら使っていたんじゃないかな。大人数のアレンジのときはそういう音になるし、WIRLで録るとゴージャスな感じになったり。

──WIRLには潤沢な資金があったんですか？
Matt森 そうですね、WIRL創立者のエドワード・シアガは政治家になるぐらいですから。その後WIRLがダイナミック・サウンズになっていって、そこからリリースしていたバイロン・リーは、ほかとはテイストも違うけどゴージャスですね。メリトーンとかゲイ・フィートはだいたいフェデラルのスタジオで録っているけど、音の鳴り方が反響したり壁が近い感じがあって、レコーディングしている部屋が狭いんだろうなって。

EGO森 僕はそのフェデラルの独特のスタジオの鳴り方が好きやね。マイクも近い感じがするし。あと、ゲイ・フィートのリン・テイトの音色は刺さりますね。ビヴァリーズも好きやな。あとはスタジオ・ワンだとソウル・ブラザーズの『Hot Shot』もカッコいい。

Matt森 小編成独特のカスカスだけど太い、迫ってくるような音もいいですね。ビヴァリーズ、ゲイ・フィート、バニー・リーはスタジオもミュージシャンもほとんど一緒だから、同じ傾向の音がしますよね。あとはトレジャー・アイル、スタジオ・ワン……というふうに音の傾向も分かれているように思います。スタジオ・ワンのヴォーカルだけデカくて、リヴァーブ感がすごいのも嫌いじゃないです。

──トレジャー・アイルの音を言語化すると、どんな感じになりますか？
Matt森 酒屋の2階にスタジオがあったらしいですよね。これは想像ですけど、木造で壁が薄いけど天井は高そうなイメージ。スタジオ自体は部屋が狭そうな音がします。

演奏者として感じるこの音楽の魅力

──プレイヤーとしてロックステディを演奏することに、どんな魅力を感じますか？
EGO森 ロックステディは一定のようでそうではない、魅惑で独特のリズム感があるんです。まずビザール・ギターのエコー感が気持ちいいですね。音はスカスカで、単純やけど深みを感じます。まさに職人芸！ 魂の音楽ですね。

Matt森 僕はレコード文化のなかでロックステディを知ってバンドを始めたけど、僕の世代だと当時から活動していたミュージシャンがまだ演奏していたから、その両方を聴いていくなかで、昔のままの音を出すほうに魅力を感じたんです。

──そういったロックステディ独特のノリはどうやって体得されたんですか？
Matt森 それは好きでずっと聴いていたのが大きいと思います。レコードを聴きながらそのまま寝たり（笑）、そうやって体得していった感じです。僕の場合はレゲエの影響を強く受けたバンドでキーボードを弾いていたことがあって。そこからレゲエのレコード屋に通うようになって、レゲエ・ミュージックのノリみたいなものは、そこで一度、身体に入っていたのかもしれません。それをきっかけにスカやロックステディも自然に聴けるようになったのが第一歩だったと思います。とにかく聴いて、演奏して、身体で覚えていくって感じでしたね。

──先ほどEGOの森さんが、独特のリズム感があると言っていましたが、それに関してはどう思いますか？
Matt森 たぶんそれはスカやレゲエと比べるとロックステディは定義がないからだと思いますね。もともとジャマイカの音楽はアメリカの音楽の影響がすごく強いんです。それがスカの時代に入って、後期のスカタライツはクミナやメントなどのカリプソ的な要素とナイヤビンギを合わせて表現した。それがダンス・ミュージックとして大衆化していくなかで、ロックステディの時代になったけど、アメリカの影響は常にあって。アメリカで流行っていた曲を自分たちの音楽に落とし込むためのスタイルがロックステディやレゲエであって。だからある意味、流

ロックステディには、一定のようでそうではない魅惑で独特のリズム感がある

—— 森 雅樹

行り物の音楽といえると思います（笑）。僕がイメージする典型的なロックステディは1967年のレコードだけ。68年はアーリー・レゲエの要素が強くて、66年はスカの要素が強い。67年でもスカっぽさは残っているけど、ギターとユニゾンでシンコペーションするベースとか、マラカスみたいなパーカッションが入っていたりすると、僕はロックステディを感じます。そういう意味でも、偶然できた音楽なんでしょうね。

—— ロックステディの魅力について、あらためて教えてください。

Matt森 ロックステディには自分にとってジャマイカ音楽の好きな要素がたくさん入っているのと、自分たちなりに演奏するのにあんまり違和感がなかったところが魅力だと思います。カヴァーする曲のセンスなんかもそうだし、ジャマイカに限らず、僕は60s〜70sの音楽が好きなんですけど、ロックステディはそのあたりの要素をまとめた感じもあって。あとは失恋の歌が多くて、そのサウダージ感がすごく好きですね。サファーな（苦しみを歌った）歌もあったり、ゴスペル的なものも多いですが、ポジティヴな歌もあったりして。それと、ロックステディにはヴィンテージ感もあって、そのあたりもこの音楽が好きな理由の1つですね。

EGO森 ロックステディってカーステレオで聴いてもすごく良くて、あのムードを自分でも出せたらいいなと思って追い求めています。冒頭にも言ったデズモンド・デッカーの「イスラエルちゃん」のイントロはとても魅力的で、初めて聴いた感じでしたね。フィルの位置が独特なんですけど一体感がある。そのことを知ってからは、みんながキマっていれば、全員が同じ位置じゃなくてもカッコいいんだなってことに気がついて。そこが職人的だし、オリジナリティを感じる部分でもある。そういう意味でも、その1つのスタイルを突き進んでいった、ドリームレッツはあらためてカッコいいと思います。

Selector's Choice 01

森 俊也

Profile
1992年結成のロックステディ・グループ、ドリームレッツで数々の7インチを残し、現在はマット・サウンズで中心的な役割を担うマルチ・プレイヤー。マット・サウンズではキース&テックス、カールトン&ザ・シューズ、リロイ・シブルス、ストレンジャー・コールなど数々のレジェンドのバック・バンドを担当。アルバム『Matt Sounds』(オーバーヒート/2017年)が発売中。

01 Bob Andy『Song Book』
(Studio One)

1967、68年録音が中心のアルバムで全曲ハズレなしという珍しい作品。ボブ・アンディはカヴァーが少なくてオリジナルを書ける人ですね。

06 Jackie Mittoo & The Soul Vendors『Evening Time』
(Studio One)

B面集といった感じのミットゥのインスト作。ロックステディを聴きはじめのころに買った1枚で、最後の「Drum Song」が好きです。

02 Ken Boothe『Mr. Rocksteady』(Studio One)

1967年の典型的なロックステディ。ミスター・ロックステディって書いてあるぐらいだし、歌がとにかく若々しくてうまいです。

07 V.A.『Hottest Hits Vol.1』
(Treasure Isle)

Vol.3まであるシングル集で、このVol.1がオススメ。「The Tide Is High」の素晴らしいフィドルは、トレジャー・アイルの良いところ。

03 Alton Ellis『Sings Rock And Soul』(Studio One)

言うことなし! アルトンはサム・クックの影響が強いけど、オリジナリティがある。ベースの音にスタジオ・ワンらしさを感じます。

08 V.A.『Rocksteady Beat / Treasure Isles Greatest Hits』
(Treasure Isle)

2曲目テクニークス「You Don't Care」が最初に買ったロックステディの7インチ。エキゾチックな田舎の音楽って印象でした。

04 The Gaylads『Soul Beat』
(Studio One)

曲が良いし、BBシートンはギターがうまい。ゲイラッズはアップタウン出身らしく洗練されていて、甘くメロウな魅力があります。

09 The Heptones『Ting A Ling』
(Studio One)

タイトル曲が一番好き。ヘプトーンズは曲とムードがいい。コーラスが作り出すドリーミーなムードがロックステディに合っています。

05 The Paragons『On The Beach』(Treasure Isle)

ジョン・ホルト在籍時代の1枚。トレジャー・アイルらしいドライな音で、楽器ごとの音量差があまり感じられない録音。

10 Justin Hinds「Once A Man, Twice A Child」(Treasure Isle)

カリプソ感のある塩辛い声が最高。裏面のトミー・マクック「Persian Ska」は過渡期の1曲で、僕らは"スカステディ"って呼んでいます。

Selector's Choice 02

森 雅樹

Profile
1996年にヴォーカルの中納良恵とともに大阪で結成したエゴ・ラッピンのギタリスト。デビュー以来、音楽性を更新し、常にフレッシュな作品を届ける同グループにあって、スカ／ロックステディは重要なエッセンスの1つであり続けている。2001年にはアルトン・エリスとも共演。アナログ・レコードを愛し、DJとしても活動する。

01 Desmond Dekker & The Aces
「Israelites」(Beverley's)

一言でいうと、魅惑のロックステディ。高校のころに聴いた僕のロックステディ初体験の曲であり、始まりの曲。

06 Lynn Taitt & The Jets
「Soul Food」(Pama)

もったりしたベースにタイトなドラム、グラディのピアノと音が増えてきたところに入るリン・テイトのエコー・ギターがカッコいい。

02 Alton Ellis With Dreamlets
「Lovely Place」(Drumweed)

アルトンがドリームレッツと一緒にやった曲で、僕も演奏しています。彼が歌詞とメロディを書き下ろした、アルトン節が効いた1枚。

07 Marcia Griffiths「Feel Like Jumping」(Studio One)

マーシャ・グリフィスのスウィング感のある曲。もったりとした絶妙なテンポとシンコペーションが心地良くてずっと聴いていられます。

03 Ego-Wrappin' feat. DETERMINATIONS「a love song」
(Minor Swing)

日本人による極上のロックステディ。トミー・マクック風のフルートが隠し味でgood！

08 The Gaylads
「Message To My Girl」(Island)

スウィートなヴォーカル・トリオ、ゲイラッズによる、ロックステディの美しさを感じるようなコーラスが魅力的な曲。

04 Lloyd Clarke「Summer Time」
(Hi Tone)

カヴァーだけどテンポも遅くて、歌いまわしを崩しすぎていて原曲と違う感じに聴こえる。ロックステディはカヴァーも面白いと再確認した曲。

09 Patsy「It's So Hard Without You」(Gay Feet)

歌メロが好きで、彼女の声と歌い方の素直さがすごくいい。メロディだけでもカッコいいし、オルガンのリズム感も好きです。

05 Dreamlets「Sunday Morning」
(Moon Beat)

ヴェルヴェット・アンダーグラウンドのカヴァー。女性ヴォーカルだから、ニコがロックステディを歌っているようで面白い。

10 V.A.『Merritone Rocksteady 3』
(Dub Store)

メリトーンのコンピ。このシリーズは1と2もあるけど、3が一番好き。曲が全部良くてここからシングルを買ったりしました。

Special Interview

Bitty McLean
ビティ・マクリーン

2004年発表の『On Bond Street KGN. JA.』でトミー・マクック&ザ・スーパーソニックスの音源にスムースな歌声を乗せ、我々にあらためてロックステディの素晴らしさを伝えてくれたUK出身のシンガー、ビティ・マクリーン。サウンドマンを父に持つレゲエ・エリートの彼が、ツアーで多忙ななかメール・インタヴューに応えてくれた。

翻訳：高橋瑞穂

——はじめてロックステディという音楽の存在を知ったときのことを教えてください。

子供のころ、父がサウンドシステムを所有していたから、僕のロックステディとの出会いは父のサウンドシステムとレコード・コレクションを通じてということになる。ザ・パラゴンズやザ・メロディアンズ、サウンドシステムで彼らの音楽を聴くといつもワクワクしていたよ。

——ミュージシャンとして、ロックステディから受けた影響は？

とても大きな影響を受けた。今でもロックステディの曲を書いているくらいだ。僕のラバダブ・スタイルはロックステディの現代版だよ。

——トレジャー・アイルのトラックに乗せてレコーディングを行なったアルバム『On Bond Street KGN. JA.』の思い出は？

1年間を制作に捧げたこと、それから僕の集中力と強い信念と知識の賜物だ。

——トミー・マクック&ザ・スーパーソニックスの魅力とは？．

トミー・マクックを含め、多くのジャマイカの優れたホーン奏者がジャズの影響を受けている点だね。

——それ以外にロックステディ時代の好きな

Selector's Choice 03

01 Ernest Wilson「Undying Love」
ロックステディの完全形！ アーネスト・ウィルソンの歌唱表現は他の追随を許さない。曲のアレンジも最高。

02 Delroy Wilson「I'm Not A King」
デルロイ・ウィルソンのヴォーカルと歌詞はすでに円熟味を帯びていて、若いころの作品とは思えないほど！

03 Justin Hinds & The Dominoes「What You Don't Know」
ジャスティン・ハインズ&ザ・ドミノスの歌声は正真正銘ジャマイカのフォーク・ソング。ジャマイカでよく知られている諺の教訓（注：サビとなっている一節"Greatest thing is to know What you don't know＝一番大切なのは、あなたが知らないことを知ること"）は、スカおよびロックステディの時代に多くのアーティストが支持したルード・ボーイのスタンスと釣り合いが取れている。

04 The Hamlins「Sentimental Reasons」
ジャマイカ版サム&デイヴによる、これぞロックステディのスウィート・チューン。

05 Soul Vendors「Last Waltz」
インスト・ナンバーは、当時のサウンドクラッシュで破壊的な力を持っていた。大傑作！

06 Sound Dimension「Real Rock」
史上最強インスト・ナンバーの1つ。

07 Phyllis Dillon「Perfidia」
甘い歌声とメロディがリン・テイトの極上アレンジと出会った1曲。

08 Alton Ellis「Willow Tree」
オルガンを弾いているのはオーブリー・アダムス？ それともウィンストン・ライト？ 忘れられない、印象的なオルガンのメロディ。いつもながらに完璧なゴッドファーザー、アルトン・エリスの歌声。

09 The Techniques「Travelling Man」
ロックステディ時代に演奏されたもっとも深みのあるベース・ラインの1つかもしれない。ジャッキー・ジャクソンのベースが全体を完全にコントロール。そしてザ・テクニークスの甘いハーモニー。

10 The Melodians「Swing And Dine」
私の知るかぎり、ロックステディ期の3人組ヴォーカル・グループで全員がリード・パートを歌う曲はこれだけだと思う。ブレン・ダウ、トニー・ブリヴェット、トレヴァー・マクノートンは、この最高傑作で確固たる地位を築いた。

ザ・パラゴンズやザ・メロディアンズを父のサウンドシステムで聴いてワクワクしていたよ

ミュージシャンと、その理由を教えてください。

リン・テイト、ウィンストン・ライト、オーブリー・アダムス、グラディ・アンダーソン、ジャッキー・ジャクソン。彼らの作った曲は何十年経っても色あせないからだ。

——シンガーのあなたから見て、好きなロックステディ・シンガーと、その理由を教えてください。

デルロイ・ウィルソン、ジャスティン・ハインズ、フレディ・マッケイだね。そもそも彼らの声が大好きだが、歌うときに心の底からあふれ出る情感がいいんだ！

——現在のUKでは、ロックステディはどのようなものとして受け止められていますか？

はっきりとはわからないが、"ロックステディがなかったらレゲエは生まれなかった"という認識だと思う。ロックステディを愛好する人たちは今後も常にいるだろうね。

——ロックステディが今も世界中で愛されている理由は何だと思いますか？

それは愛とリアリティと美しい音を併せ持った最高傑作の音楽だからだよ。

Selector's Choice 04

石井"EC"志津男

Profile
1980年、映画『ロッカーズ』の配給を皮切りにジャマイカ音楽に接触、重度のウイルス感染。その後、OVERHEAT Recordsを1983年にスタート、同年にレゲエ・マーケットを拡大したいという思いからフリーペーパーの『Riddim』の発行を始め、レゲエ・コンサートの主催やアーティスト・マネージメントをする。The Rocksteady Legendシリーズのライヴを現在も継続中。

なるべくほかのページで掲載したアルバムと被らないようにと、コンピものを中心に選んだ……つもりだったが、どうしても数枚は重なるなぁ。ロックステディという曖昧なジャンルを明確にしようと思っているのに「わざとハズしてどうすんだ」という迷いもありますが、アルバム中に数曲ロックステディが入っていれば選んだモノもある。大音量で聴きながら選曲していて、やっぱりロックステディは最高だと再確認。

01 Gladstone Anderson / Lynn Taitt & The Jets
『Glad Sounds』(Merritone)

グラディとリン・テイト&ザ・ジェッツが、フランス曲「If I Only Had Time」やアメリカ曲「Once Upon A Time」をはじめ、当時のアルトン、ケン・ブース、カールトン、ゲイラズたちのヒット曲をインスト・カヴァーした文句なしの名盤。

02 Roland Alphonso With The Originals Orchestra
『ABC Rocksteady』(Gay Feet)

僕のお宝アルバム。1980年代末、僕がロックステディ好きだと知ってグラディが自ら参加した作品をくれた。ボリス・ガーディナーがアレンジしてグラディの伯父オーブリー・アダムス、リン・テイトも参加。アルフォンソのサックスに泣ける。

03 Lynn Taitt & The Jets
『Rock Steady Greatest Hits』(Merritone)

これもグラディから頂戴し、後戻りできなくなった記念のお宝。好きすぎてこのなかの2曲「Soul Shot」「To Sir With Love」をセルフ・リメイクしてもらいモントリオールまで出かけて映画『ラフン・タフ』で挿入歌として使った。

04 V.A.『Greatest Jamaican Beat - Rock Steady Baba Boom Time』(Treasure Isle)

ザ・ジャマイカンズの「Baba Boom Time」からザ・テクニックスの「Queen Majesty」、さらにザ・ドラゴンズもザ・メロディアンズも収録、そこに挿入されるスーパーソニックスのインスト「Soul Serenade」は鳥肌もの。

05 V.A.『Come Rock With Me In Jamaica』
(Treasure Isle)

1曲目のジョヤ・ランディスの「Angels Of The Morning」（メリリー・ラッシュのカヴァー）でまずヤラれる。アルバム全曲がロックステディというわけではないが、ザ・ジャマイカンズの「Woman Go Home」など絶品。

06 V.A.『Jamaica Reggae - 12 Golden Hits Vol. 2』(Clan Disc)

クランシー・エクルス自らの「What Will Your Mama Say」と、同オケのウィンストン・ライト&ザ・ダイナマイツ「Mother Prayer」、そしてストレンジャー&グラディ「Tomorrow」などを収録。アルバム全体としてはレゲエ移行期のコンピ。

07 V.A.『Studio One Show Case Vol. 1』(Studio One)

曲数はAB面を合わせてたった6曲しか入っていないが、それは曲の後半がショウケースと呼ばれるヴァージョンになっているため。ザ・ヘプトーンズ「Baby」をはじめ、アルトン・エリス、ベイシーズ、アーネスト・ウィルソンたちの曲がじっくり楽しめる。

08 V.A.『It's Rockin' Time
- Duke Reid's Rock Steady 1967 – 1968』(Trojan)

1989年にスティーヴ・バロウがコンパイルしたトレジャー・アイルのコンピもの。アルバム・タイトルはフィリス・ディロン「It's Rocking Time」から。トミー・マクックの「Indian Love Call」に涙。ちなみに原曲はカントリー&ウェスタン。

09 V.A.
『Ride Me Donkey - Solid Gold From Jamaica』(Coxsone)

ドビー・ドブソンの「Ride Me Donkey」からザ・ケイブルズの「Baby Why」、ケン・ブース「Tomorrow」、そしてスタンダード・ナンバーをカヴァーしたソウル・ヴェンダーズの「A House Is Not A Home」が絶品！

10 Johnny Nash『Hold Me Tight』(JAD)

米ソウル・シンガーのジョニー・ナッシュが1968年にフェデラル・スタジオに乗り込んで作ったロックステディ・アルバム。ピーター・トッシュの曲をやったりしているが、やはりサム・クックの「Cupid」とオリジナルの「Hold Me Tight」が最高です。

Selector's Choice 05

ジャー・ワイズ (Jah Wise)

Profile
シンガーのコーネル・キャンベルを兄に持ち、キングストンの重要サウンド、ティッパトーン・ハイファイのトップ・セレクターとして活躍。ペイント・アーティストとしても知られ、ブラック・アーク・スタジオの壁のサインや、映画『ロッカーズ』でホースマウスが乗るバイクに描かれたライオンの絵も彼の作品。現在はNYにて自身のセットを運営している。

子供のころから、夜、母親が寝てしまうと家を抜け出して、ブルースのサウンド・セットを聴きに行ったものだ。その後、スカの時代が来た。私はティーンのころからサウンドシステムでセレクターをしていた。オチョリオスのジャック・ルビー、ユース・プロモーション、ウォーターハウスのキング・ジャミーズ。セント・メアリーのキング・アーサーでプレイしていた時期もある。最初に本格的にプレイしたのはセント・キャサリン、スライゴービルのメロトーンだ。スカ、ジャズ、ロックステディ、ラバダブとセレクターとしてプレイしてきた。ここに選んだのはダンスの現場で人気が高かった曲だ。当時、これらの曲のダブ（スペシャル）はラバダブ・セレクターの私としては外せない勝負曲で、プレイすれば必ず盛り上がった。ほかにもたくさん良い曲があるが、ここではダブとしてとくによく働いてくれたものを選んだ。

01 The Gaylads「Red Rose」
02 Bop & The Beltones「Not For A Moment」
03 The Bassies「I Don't Mind What They Are Saying」
04 The Righteous Flames「Born To Be Love By You」
05 Carlton & The Shoes「Love Me Forever」
06 Keith & Tex「Stop That Train」
07 Ernest Wilson「Undying Love」
08 Dawn Penn「You Don't Love Me (No No No)」
09 Cornel Campbell「Stars」
10 Ken Boothe「Thinking」

Selector's Choice 06

藤川 毅

Profile
1964年鹿児島市生まれ。高校を卒業し進学のため上京後、学生時代から音楽の原稿を書きはじめる。『レゲエ・マガジン』編集長を経て96年から鹿児島で生活。世のなかではラヴァーズ・ロックの人らしいが、ジャマイカ音楽全般が好き。

好きなロックステディ曲を10曲選べという司令を受けて、資料も何も見ずに頭に浮かんだ曲を選んだら最初に選んだ8曲すべてがインストだったので、残り2曲もインストで。ロックステディの歌もの、コーラス・グループは大好きなのだけれど、選んだ日はインスト気分だったのかも。選んでからいろんな歌もの名曲が浮かんだけれど引き返しません。でも僕が選んだ10曲もこの20年ほど常にお気に入りの曲ばかりです。

01 Lester Sterling & Tommy McCook「Inez」
02 Jackie Mittoo & The Soul Vendors「Ram Jam」
03 Roland Alphonso「Sock It To Me」
04 Johnny Moore「Sound And Soul」
05 Tommy McCook & The Supersonics Band「Don (Down) On Bond Street」
06 Lyn Taitt「Julie On My Mind」
07 Bobby Ellis & The Desmond Miles Seven「Step Softly」
08 Tommy McCook & The Supersonics「Real Cool」
09 Lennie Hibbert「Village Soul」
10 Soul Vendors「Chinese Chicken」

Selector's Choice 07

©Tim Schnetgoeke

アシャー G (Asher G "The Rocksteady Daddy")

Profile
1961年、ロンドン北部でジャマイカ人の両親の元に生まれ育つ。7歳のとき、父親のカウント・ウォリー・ザ・マイティ・ハイファイで初めてプレイし、1973年から80年まで定期的にプレイし続ける。2008年、賞金1000ポンドを賭けたリヴァイヴァル・レゲエ・クラッシュで優勝。現在、イギリス国内のみならず、ヨーロッパの都市やレゲエ・フェスなどでもファンの層を広げている。

ロックステディのなかから10曲を選ぶのはとても難しく、順位は付けられない。01は、アメリカのソウル・グループ、タムスのヒット曲のカヴァーで、UKでもジャマイカでも大ヒットした。美しいピアノのイントロで始まるこの曲を歌うウィルソンはすでに成長して声変わりしているが、相変わらずいい声だし、それ以上にコクソンのもとでキャリアを積んだ彼の歌い方がとてもいい。自分はこの曲をリアルタイムで聴いているが、今も好きでよくかける。02、03、10も子供のころから聴いている。04は、スタジオ・ワンのなかではレアな1曲。1980年代に見つけたが、曲名を知ったのは1990年代の中ごろ。ジャマイカにいるミュージシャンの多くが、アメリカだけじゃなく、本当に世界中のさまざまな曲を聴いていたことがわかるし、ソウル・ブラザーズのタフさ、創造性、音楽に対する情熱にあふれている。イントロを聴くとどこか東アジアの風景が思い浮かぶし、ヘヴィでスティッキーなロックステディのビートはコクソンならでは。このころの彼らの演奏は本当に美しい。スカの名残を背景に新しいビートを探している途中で、レゲエに落ち着くまでの束の間の哀愁がたまらない。

01 Delroy Wilson「Dancing Mood」
02 The Tennors「Pressure And (The) Slide」
03 Alton Ellis「Rock Steady」
04 Soul Brothers「Eastman Ska」
05 Marcia Griffiths「Hold Me Tight」
06 Phil Pratt「Safe Travel」
07 Jackie Mittoo「Midnight Hour」
08 Mr. Jeff Dixon「Tickle Me」
09 The Termites「We Gonna Make It」
10 Val Bennet With Bobby Aitken & The Carib Beats「Scabaduga」

Selector's Choice 08

Mighty Massa

Profile
スカ・バンド、スカフレイムスのキーボーディスト。スカ、ロックステディ、レゲエのDJを25年前から始め、現在ではダブを主体としたサウンドメーカーとして活動。

個人的に"これが1位"というのはないが、ベスト10を挙げるならこのラインアップ。王道のスタジオ・ワン・チューンからレアものまで、長年お世話になっているロックステディ。とにかく、ソウル、R&B、ポップスなど、どれもこれも曲のアレンジがお見事で、サウンドも1960年代の雰囲気がリアルに伝わってくる。

01、02、10は個人的にもっとも好きなロックステディ。02のピーター・オースティンはソウルフルでパワフルな歌声にグッとくる。06、07、09はアレンジが素晴らしく、オリジナル楽曲を遥かに凌ぐ出来映え。とくに07はイントロがマイナー調で始まるところが鳥肌もの。

01 Stranger Cole「Rudies All Around」
02 Peter Austin「I'll Never Try」
03 The Hamlins「Trying To Keep Me Down」
04 The Cables「What Kind Of World」
05 Slim Smith「Never Let Go」
06 Dawn Penn「Don't Sleep In The Subway」
07 Prince Buster「All My Loving」
08 Bob Andy「Unchained」
09 The Rulers「Wrong Emboyo」
10 The Tonettes「I'll Give It To You」

Selector's Choice 09

ギャズ・メイオール (Gaz Mayall)

Profile
ロンドンで30年以上続くイベント"Gaz's Rockin Blues"のオーガナイザー、DJであり、スカ・バンド、ザ・トロージャンズのリーダー。ブリティッシュ・ブルースのレジェンド、ジョン・メイオールを父に持ち、スカ、レゲエからドラム&ベースに至るまでブラック・ミュージックの有名なコレクターとして知られる。来日も多く、スカフレイムスの1stアルバムのプロデュースも手がけている。

1957年生まれの私は幼いころから黒人音楽の大ファンで、家では1960年代のブルースとジャズを聴いて育った。1960年代は新たに発見した芸術の世界とその独創性に誰もが夢中になった時代。戦後の文化革命で、若者は世界を変えられると信じていた時代だった。

技術が急速に発展し、とくにレコーディング・スタジオの進化は目覚ましかった。ロックステディは特別に長くて暑い1966年の夏に生まれたが、それは4トラックのサウンド・ミキサーが出現したのと同じ時期だ。1本か2本のマイクでバンドが一斉に録音する方法に替わって、ミュージシャンごとに別々のトラックを振り分けて録音することが可能になった。たとえば、ベース、ドラム、ホーン・セクション、ヴォーカルを別々のトラックに録音できるようになった。当時は実験の時代でもあり、スウィンギング60sで登場したビートルズのようなビート・グループの流れと連動していた。ジャマイカはそれを受け入れ、そのなかで楽しんだ。まもなく8トラックの技術が生まれ、ジャマイカの音楽はさらに発展し、進化した。1970年代初頭に入り、24トラックのサウンド・ミキサーが標準になると、ロックステディのリズム、歌詞、メロディの多くは当時の最新スタイルに焼き直され、再加工されていく。こうしてロックステディは、耳慣れない者にとっての新しいスタイルの音楽"レゲエ"の礎石となった。

私はティーンエイジャーだったが、新しいジャマイカ音楽のうねりが来ているのを感じていた。1960年代末は毎日がヒット・パレード状態で、サッカーの試合の前にはタンノイのスピーカーがその音楽を鳴らしていた。ユース・クラブのダンス・パーティではソウルと一緒にその音楽がプレイされていた。十分にオトナあるいはオシャレなティーンは、ロアリング・トゥエンティーズのようなソーホーのクラブに通った。翌朝はシャッフル・ダンス・バトルの話や次のビッグ・チューンについて、とりとめのない話をする。その音楽はファッションとセットになっていて、当時のティーンは皆、ステイプレスト・パンツ(注:センタープレス・パンツのこと)の丈や、スリープライ・モヘアのモッズ・スーツの丈がどのぐらいかを熟知していた。履くのはブローグ(注:飾り穴が装飾された短靴)、タッセル・ローファー、スムース・レザー。シャツはベンシャーマンかブルータス・トリムフィットのボタンダウン。この種のファッションはどれもルーディーズ、モッズに影響されたもので、のちにスキンヘッズのファッションに受け継がれていく。私たちはそのファッションを、その音楽を手に入れたくて仕方なかった。気がつけば、かき集められるお金はすべて取り憑かれていた音楽のレコードを買うことに費やしていた。それは生涯にわたる熱狂の対象となり、私はジャマイカ音楽、とくに1960年代のスカ、ロックステディ、そしてレゲエの膨大なコレクションを有するに至った。

ここで私がセレクトしたナンバーは必ずしも史上最高のトップ・ソングではないが、ロックステディというジャンルを代表する最高の作品群であることは間違いない。私の話は釈迦に説法で、すでにロックステディを愛して止まない方々にはほとんど意味がないかもしれない。けれども、もしあなたがロックステディのことをあまり知らないのなら、ぜひこの10曲を聴いてみてほしい。あなたが新たにロックステディ教の信者になることは請け合いだから。

01 Prince Buster「All My Loving」
02 The Ethiopians「Train To Skaville」
03 The Tonnettes「Give It To Me」
04 Alton Ellis「Why Birds Follow Spring」
05 The Uniques「Gypsy Woman」
06 Phyllis Dillon「Perfidia」
07 Stranger Cole「Love Me Today」
08 Dawn Penn「You Don't Love Me」
09 Derrick Morgan「Court Dismiss」
10 Ken Parker「A Change Is Gonna Come」

Talk Session

TOMMY FAR EAST × Tucchie [MORE AXE RECORDS] × 小島 隆 [ブラック・アーク]

音楽そのものに歴史があるのと同じように、音楽が遠く離れた国で広く聴かれるようになるまでにはストーリーが存在する。ロックステディというリアルタイムではほとんど日本に紹介されなかった音楽が、いかにして日本に定着していったのか。その物語において重要なエリアと目される関西に赴き、同地の重要人物であるレコード・ショップ、ブラック・アーク店主の小島隆と、長くセレクターとして活動し、現在はオンライン・ショップMORE AXE RECORDSを運営するTucchie、そして関東に身を置きながら関西のシーンとのつながりも深いTOMMY FAR EASTの3人に、記憶を辿ってもらった。

取材・文:服部 健　協力:ブラック・アーク

フィリス・ディロンの「Things Of The Past」がきっかけでロックステディも聴くようになった ── TOMMY FAR EAST

ヴィンテージ専門店の誕生

──ブラック・アークがオープンしたのは？
小島 1990年です。最初はほとんど再発のLPで、知り合いに頼んでイギリスで買ってきてもらったオリジナルのシングル盤を目玉として100枚ほど置いていたぐらいで。そのオリジナル盤目当てで来る京都や大阪のDJの人らがだんだん増えていった感じですね。
──ほかにこういったスカやロックステディのオリジナル盤を扱うお店はあったんですか？
小島 うちが開ける1年くらい前に東京にオレンジ・ストリートさんができて、うちと福岡のDON'S RECORD MARTさんが同じくらいやったのかな。
TOMMY あとは店舗を持たなくても、個人でリストを発行して通販をやっていた人とかはいましたけどね。
小島 それまでも名古屋のLION MUSIC DENさんとか、リアルタイムのレゲエを中心に置いている専門店や大阪のビックとか京都だとジャンク・ショップとか、ワールド・ミュージックの1つとしてレゲエも扱うお店はあって、僕らもそういうところで買っていたんですけど、7インチでスカやロックステディのオリジナル盤を扱ったのは、日本ではオレンジ・ストリートが最初でしょう。
──1年ほどの時差があるとはいえ、ほぼ同時期に東京と関西でヴィンテージ・シングルを扱うお店ができたと。
小島 そうですね。そのちょっとあとに『BLUE BEAT BOP！』(スカやロックステディのガイドブック)も出て。

──Tucchieさんもこちらのお客さんだったんですか？
Tucchie 最初のころ来ていました。レコードを買いはじめたのが、たぶん1991、92年ちゃうかな。最初は2トーン・スカとかを聴いていて、そこから元のジャマイカの音楽も聴くようになった感じですね。
小島 そういう人は多かったですね。最初はパンクのザ・クラッシュとか2トーンから入って、ジャマイカのスカとかロックステディを集め出すという。
──TucchieさんがDJを始めたきっかけは？
Tucchie DJを始める前に大阪の"TOP SKA"というイベントによく行っていたんですよ。そこではデタミネーションズの髙津さんたちがDJをやっていて。自分でやるようになったのも、そういう人たちを見てからですね。

イギリスで買い付けた黎明期

──TOMMYさんが買い始めたのも1990年代ですか？
TOMMY そうですね。1993、94年ぐらいからじゃないですかね。最初はメール・オーダーで買ったり、新宿のオレンジ・ストリートに行ったり。
──オレンジ・ストリートも、オリジナル盤はイギリスから仕入れていたのでしょうか？
小島 最初はどこもイギリスからだと思うんですよね。イギリスにはもともとジャマイカ移民のコミュニティがあるじゃないですか。だからジャマイカ盤も普通にあって。
TOMMY ただ、最初はやっぱりUK盤のほうが多かったですね。ジャマイカ盤はみんなが

本文で触れられている『BLUE BEAT BOP!』(山名昇・編)は、1991年に当時発行されていた『レゲエ・マガジン』増刊号として発売された。現在はDU BOOKSより"REISSUED EDITION"として発売中。

掘り起こすまで表面上には出てこなかったというか。ジャマイカでスカが廃れたあとも、イギリスではモッズやスキンヘッズのカルチャーと一緒に音楽もファッションとして残って、そういうシーンにいる人たちはずっと集めていたんですよ。

——そういう人たちが買うような場所に、日本から買い付けに行くようになった?

小島 そうです。週末のマーケットでシングル盤を売っている人たちがいて。

TOMMY 地元の人も外国の人も、みんなそこに買いに行っていましたよね。インターネットもなくて値段も安かったですし。あとはレコード・フェアで売られていたり。

小島 情報は少なかったですね。今やったら当たり前に見るような曲でも、初めて見て「おー!」って言って喜んで買っていたから。

——当時のロックステディ・クラシックというとどんな曲ですか?

TOMMY 関西とはまた違うかもしれないですけど、僕はクラシックというとフィリス・ディロンの「Things Of The Past」。あの曲がきっかけで、スカだけじゃなくてロックステディも聴くようになりましたね。わかりやすく甘く切ないロックステディで。

Tucchie その感じやったら、僕はドーン・ペンの「Long Day Short Night」かなぁ。

小島 あとはみんなイギリスでいいと言われている曲を中心に集めたりしていて、情報はイギリスからのものでしたね。

TOMMY ギャズ・メイオールのカセットだったり、スティーヴ・バロウがスタジオ・ワンの音源をトロージャンでコンパイルしたり。

小島 うん。トロージャン・レコードのコンピレーションとか、そういうのがガイドになっていた感じですね。

——コンピレーションで曲を知って、オリジナル7インチを探すという流れですね。

小島 そうですね。そういうのがちょっとずつ積み上がっていった感じです。

ジャマイカでの買い付け事情

TOMMY 当時は関西のほうがディープなイメージがありましたね。というのも、関西のレコード屋さんはジャマイカとつながりができたのが早かったですし。

小島 ジャマイカに買い付けに行ったのは、俺より大阪のドラム&ベース・レコードのほうが早かったですね。日本やったら、あそこが一番早いかな? 1990年代前半というのは、日本人だけじゃなくてイギリス人もそこまでジャマイカに買い付けに行ってなかったと思うんですよ。うちもイギリスのほうでいいレコードが出にくくなってきたのと値段が上がってきたんで、ジャマイカに買いに行くようになったんですけど。1990年代半ばかな?

——買い付けは具体的にどのように行なうのですか?

小島 最初は本当に手探りですね。民家を一軒一軒まわって「レコード持ってへんか?」と聞くというね。店を始める前にジャマイカに遊びに行ったことがあったんですけど、そのときに向こうに友だちはできていたんで、そういう人に連絡して探してくれって頼んだり、友だちの友だちで持っていそうな人を教えてもらって訪ねるとか、その先でまた聞くとか。そういうこと

ジャマイカでは民家を一軒一軒まわって「レコード持ってへんか?」って聞いてまわった —— 小島 隆

からですよね。
——そういう意味で一軒一軒?
小島 うん。あとはもうその辺を歩いて、歳をとっている人が庭で作業をしていたら、「古いレコード持ってへんか?」「誰か持っている人知らんか?」とか。
——それで見つかるんですね。
小島 ものすごく確率は低いですよ。何軒もまわって、やっと誰かが持っているとか。実際に買い付ける量も少なかったし。
——そういう感じで少しずつ人脈を広げていって、今も買い付けに行っていると。
小島 そうです。今は4ヵ月おきぐらいですかね。もうなかなかレコードが出てこないですけどね。ジャマイカ国内でそういうのが商売になることがわかったこともあって、普段からレコードを探し歩く連中も出てきて、今はもうだいぶ掘り尽くされてしまいましたね。
Tucchie 僕もジャマイカには1回行ったことがあって。小島さんと同じような感じで、現地の白タクをつかまえて、レコードを持っていそうな人のところに連れていってもらって。
TOMMY チリ紙交換じゃないですけど、そのころはまだ、どこの家もレコードがある確率が高かったんですよ。みんな娯楽としてレコードを買っていたので。
——でも、家に行って、あまりいいのがないということも……。
Tucchie ほとんどそういう感じです。「ある」って言われて行ったけど、結局ないみたいな。
小島 それが本当に多い。彼らはレコードがなくても「あるある」って言うんですよ。探しているのは60年代、70年代のものだって伝えて「持ってる」って言うから行ったら、新しいものばかりだったり。
TOMMY 日本だったら絶対にもっと揉めますよね。あそこまで嘘つかれたら(笑)。あとは持っている人間に連絡もついて、朝も電話して、じゃあ今日の昼間に会うってところぐらいまで行くんですけど、最終的にいきなり連絡が取れなくなったりとか。
小島 あっちの部屋にあるって言って鍵の束をジャラジャラ出してきて、部屋の前で「この鍵も違う」「この鍵も違う」ってやって結局開かないとか(笑)。そういうことが本当に多い。

ジャマイカ盤の特徴

——皆さんはジャマイカ盤もUK盤も両方買うのでしょうか?
TOMMY そうですね。UK盤でしか出ていない曲もありますし。
——どちらが好みとかありますか?
Tucchie やっぱり音圧が高いので、基本はジャマイカ盤のほうが欲しいですけど、ノイズの問題もあるし、曲によってはUK盤でも気にしないで買いますけど。
小島 たぶん、日本ではジャマイカ盤が好きな人が多いと思うんですよ。でも、外国ではそうでもないよな。ジャマイカ盤のほうは音が重くて、ちょっとこもっている印象。UK盤のほうはクリアだけど音が軽いというか。全体的な印象で、全部が全部そうじゃないですけど。あとジャマイカ盤で困るのはセンターズレかな。
TOMMY 商品の規格として考えられないようなものがジャマイカ盤には多いんですよ。
——以前、TOMMYさんのDJを拝見したとき

やっぱり音圧が高いので基本はジャマイカ盤 ── Tucchie

に、アダプターを使わずに指でセンターを合わせているのを見てびっくりしたんですが。
TOMMY 小島さんもTucchieさんもできますよね。ジャマイカ盤を大量に触っている人はできるんですよ。
小島 あれに慣れると、そっちのほうが楽だったりするんですよ。面倒臭くなくて。
TOMMY UK盤とジャマイカ盤を交互にかけるときとか、センター・アダプターを置いたり外したりする手間が省けて楽ですよね。
──今回皆さんに紹介してもらったレコードにもありますけど、ジャマイカではレーベル面に何も書いてない"ブランク"の盤も多いですね。
TOMMY ブランクには2つのパターンがあるんです。1つは単にテスト・プレスでブランクという場合。あと1つは、プレ・リリースといって、レコードを一般発売する前に、ちょっと高い値段でブランクの盤を店頭に出していたらしいんです。なぜかというと大きなサウンドシステムはともかく、小さなサウンドシステムにとっては、発売前のプレ・リリースをかけることがステータスになって、それによって集客できるという面があったらしいので。よくブランクに書いてある"76"って数字とかはプレ・リリースとして売られていた盤の値段みたいですよ。

これから聴く人へのアドバイス

──皆さん、スカもアーリー・レゲエも好きだとは思うんですけど、ロックステディにはどんな印象を持っていますか。
小島 実際、あまり分けて考えたことはないんですけど、ロックステディに関していえば、ヒットしたもののほうが好きな曲が多いですね。単純にヒットした曲のほうがいい曲が多い気がするし。
TOMMY ファウンデーションって言われるものには、基本的にいい曲が多いですよね。
──とくに好きなアーティストを1人挙げるとしたら?
Tucchie 僕はアルトン・エリスが好きですね。
TOMMY 僕もアルトンですね。実際に接してみてもイギリスに住んでいたからか、ジェントルマンだったし。
──これからロックステディのレコードを買おうという人に向けたアドバイスをお願いします。
Tucchie 最初は再発のLPからが一番いいと思いますね。
小島 あとは再発のコンピとか買って、気に入った曲から探していくとかね。今は再発でいい曲がたくさん7インチで出ているから、最初はオリジナルにこだわらなくても、名曲がけっこう集められると思うんですよね。だから、オリジナル盤はそのあとでいいのかなと思いますね。
──どんなところが再発しているんですか?
小島 日本も多いし、ヨーロッパからもたくさん出ていますね。
TOMMY スイスにあるレゲエ・フィーヴァーとかがめちゃくちゃ出していますよね。もともとメール・オーダーをやっていた人のレーベルですけど。
──一方で、1990年代ごろはたくさん再発が流通していたジャマイカ盤は、最近はプレスがストップしているそうですね。
小島 また動き出すって話もあるけど、本当かな?
TOMMY 僕もそう聞いていますけどね。

Selector's Choice 10

小島 隆

Profile
1990年にオープンした京都のジャマイカ音楽専門レコード・ショップ、ブラック・アーク店主。「ジャマイカは騙し合いの国だ。ジャマイカ人が、ジャマイカ人を信用するか、と言う。今まで彼らと接してきて嫌な思いも散々させられてきたが、それでもロックステディなんかを聴いていると、まぁしょうがないか、となってしまう。そんな魔法がある音楽ではある」

---

01 The Heptones
「Why Did You Leave」(Coxsone)
名曲、名トラック。いまだに飽きがこない。たくあんか、梅干しみたいな曲。

06 Bob Andy
「Stay In My Lonely Arms」(Coxsone)
ボブ・アンディのアルバム『Song Book』は名曲揃い。そのなかの1曲。7インチでは別面のエチオピアンズもキラー・チューン。

02 The Soul Vendors
「Ringo Rock」(Studio One)
「リンゴ追分」のスカじゃないほう。すごーくゆっくり。

07 Mr. Foundation「Bye Bye Baby」
(Coxsone)
ズート・シムズの絶妙な歌いまわしが物憂げな雰囲気を引き立てる。

03 Dawn Penn
「You Don't Love Me」(Coxsone)
ウィリー・コブのカヴァー。ドーン・ペンの妖しげなヴォーカル。「ノー・ノー・ノー」といえば、テンプターズとジャックスの「忘れ得ぬ君」とこれ。

08 Errol Dunkley
「The Scorcher」(Amalgamated)
数少ないエロール・ダンクリーのロックステディは、どの曲も良い。クールで男前。この曲をかけたら、可愛い子ちゃんが寄ってこないかな。

04 John Holt「Alibaba」
(Treasure Isle)
"テッテ・テレレレレ♪"。出だしからイカした大ヒット曲。LP『Like A Bolt』収録曲。

09 The Soul Lads「Funny」
(Treasure Isle)
クラレンドニアンズが変名で残した甘いヴォーカル曲。この曲を女の子に聴かせたら、デートしてくれるかも。

05 Lee Perry
「People Funny Boy」(Upset)
インストの赤ん坊の泣き声は、リー・ペリーの娘、マーシャ。個人的に思い入れがある。

10 The Hamlins「I Don't Care」
(Matador)
マタドール音源の甘いロックステディ。この曲を好きな子に聴かせたら、いいことできるかな。

Selector's Choice 11

Tucchie

Profile
1990年代からレコード収集を始め、関西ジャマイカン・オールディーズ・シーンの極初期から活動を続けるセレクター。幅広い選曲から生み出される独特のGOOD VIBESに定評があり、過去にはプリンス・バスターとも共演。SMALL AXE RECORDSのスタッフを経て、現在は自ら運営するwebショップ、MORE AXE RECORDSから良質なサウンドを紹介している。

01 The Heptones「Party Time」
(Coxsone)

自分が長年やっているイベントのタイトルにしている大好きな曲です。お祭り気分でテンション上がります。アルバム『On Top』にも収録。

06 Eric Morris「Say What You're Saying」(Clancy's)

エリック"モンティ"モリスがクランシー・エクルスのプロデュースで出した1枚。アップテンポな後期ロックステディ・チューン。

02 The Maytals「Love Is A Special Feeling」(BMN)

刑務所に入っていたトゥーツ・ヒバート不在期の1曲。メイタルズにしてはスウィートな雰囲気のロックステディ・チューン。

07 The Heptones「Pretty Looks Isn't All」(Studio One)

もう1曲ヘプトーンズの『On Top』から。彼らのなかで1番好きな曲。1980年代になって初めてシングル・カットされたと思います。

03 Roland Alphonso「Stranger For Durango」(Merritone)

「Sounds Of Silence」の裏面。ムーディな感じから後半になるにつれて徐々に盛り上がっていくインスト・チューン。

08 Alton Ellis「All My Tears」(Treasure Isle)

アルトンはいい曲ばかりで迷いましたが、選んだときの気分でこの曲にしました。『Mr. Soul Of Jamaica』に収録。

04 The Clarendonians「Lonely Heartaches」(Shockin')

イギリス盤はよく見かける名曲のジャマイカ盤。ピーター・オースティンの泣きのヴォーカルが最高のレイト・ロックステディ。

09 Roland Alphonso「Sock It To Me」(Beverley's)

妖しいイントロから始まって、めっちゃ甘い展開になるところが好きな、ローランドのサックスが堪能できるゆったりしたインスト曲。

05 Max Romeo & The Emotions「I Can't Do No More」(Caltone)

これもめっちゃ甘い曲。イギリスでヒット曲を出す前の、マックス・ロメオがカルトーンに残した初期の作品。

10 Joey & Butch「You Promised Love」(Dutchess)

ジョーイとは「You're Wodering Now」を残したアンディ&ジョーイの片割れ？ ちょっとスカっぽい感じのロックステディ。

Selector's Choice 12

TOMMY FAR EAST

Profile
Far East Records Japan代表。若干17歳にてジャマイカン・オールディーズのセレクターとしてのキャリアをスタート。アルトン・エリス、プリンス・バスター、ストレンジャー・コールといったアーティストの来日公演でプレイのほか、近年は海外でのDJ活動が増えてきている。選曲のモットーは"エクスクルーシヴ"。2016年から"Duke Reid Classics"としてデューク・リードのオフィシャル音源リリースも手がけている。

各プロデューサーがヒットを狙って大量のレコーディングを行なっていたロックステディの時代。もちろん、ヒットしたものからまったく売れなかったものまでさまざまですが、今回は当時売れなかったものの現在評価の高い曲のなかで普段プレイする曲を選びました。僕にはファウンデーションが基本にありますが、アンユージュアルな曲にはファウンデーションにはないヤバい空気感があり、DJではそれを武器に自分にしかできないセットを心がけています。

01 Johnny & The Attractions「Let's Get Together」(Gay Feet)

ソニア・ポッティンジャー・プロデュースによる、プレ・リリース(ホワイト・レーベル)のみのキラー・ロックステディ。リード・ヴォーカル=ジョニー・ジョンソンに素晴らしいコーラスを添えるアトラクションズ。もちろんバックはリン・テイト&ザ・ジェッツ。イベントで盛り上がる1曲。

02 The Minstrels「So Weary」(Merritone)

モンスター・チューン! いまだCDやコンピに収録されることなく、現存数もわずかしか確認されていない謎の1枚。このミンストレルズで素晴らしいハーモニーをつけているのは、のちにナウ・ジェネレーション・バンドで活躍するジェフリー&マイキーのチャン兄弟。

03 Lynn Taitt With Tommy McCook & The Supersonics 「Purple Moon」(Treasure Isle)

トレジャー・アイルからリリースされた甘い極上インストゥルメンタル。「Spanish Eyes」など、トレジャー・アイルにも自身名義の作品を数曲残すリン・テイトだが、この曲のギター・ソロは本当に素晴らしい。こちらもプレ・リリースのみ。

04 The Diamonds「Expo '67 (Silhouette)」(JDI)

JDIはJohnson Drive Innというドライヴインのオーナーであるcopley Johnsonが運営するマイナー・レーベルで、リリースは少ないながらコレクターが血眼になって探す人気レーベル。「Silhouette」という有名曲の素晴らしいロックステディ・カヴァー。

05 Lloyd Robinson & Glen Brown「No More Trouble」(Stag)

プレ・リリースのみのアンユージュアルなキラー・ロックステディ・ヴォーカル。この時代にロイド&グレン名義でデューク・リード、WIRL、SEPなどから数曲リリースしているが、僕にとってはこの曲がずば抜けてタフな曲である。バック・バンドはボビー・エイトキン&ザ・カリブ・ビーツ。

06 Eric Monty Morris「Tears In My Eyes」(Dutchess - JP)

ロックステディ期に録音され、何らかの理由で発売されなかった曲は多く存在する。この曲もマスターテープが発掘された未発表曲で、2017年に"Duke Reid Classics"の1枚としてリリースした。お蔵入りしたのが不思議な素晴らしいヴォーカル曲。

07 Val Bennett With Bobby Aitken & The Carib Beats「One Way Street」(Double D)

ダブルDレーベルはボビー・エイトキンの音源を15、16枚リリースしているが、そのほとんどが入手困難で、とくにプレ・リリースしか存在しないレコードは本当に珍しい。そのなかでもトップ・チューンがこの曲。

08 Roy Brown「Crying Time」(Double D)

マイナー・シンガーによるキラー・チューン。本当に入手困難で、1990年代にコンパイルされたボビー・エイトキンのLP『〜 Red Hot』で初めて知った人がほとんどのはず。LPでは"Roy Man"とクレジットされていたものの、エイトキン自身によればこれが実名とのこと。

09 Lloyd Charmers「Things Going Wrong」
(Coxsone)

非常に人気の高い泣きの1曲。ソウル・ヴェンダーズに一番勢いがあった時期の演奏で、ロイド・チャーマーズの渋い歌声に何とも言えない切ないメロディが、まさにコクソンズ・ロックステディ。ジャッキー・ミトゥのピアノも最高。

10 Roy Panton「Beware Rudie」(JDI)

「Endless Memory」と並ぶ極上の1枚。スカのイメージが強いロイ・パントンだが、この曲は本当に素晴らしい。JDIからヤバい曲をリリースするLos Caballeros Orch.は、ソウル・ヴェンダーズ、スーパーソニックス、ジェッツなどとはまた違った雰囲気が魅力。

Selector's Choice 13

井出 靖

Profile
1980年代、いとうせいこう、高木完、ヤン富田らとともに音楽的動勢に常に深く関わり、90年代にはORIGINAL LOVEや小沢健二のマネージメント、BONNIE PINKやクレモンティーヌらのプロデュースも手がける。2005年からはレーベルGRAND GALLERYを主宰。95年よりアーティストとして活動し、初期の作品をまとめた『ENDLESS ECHO』がユニバーサルより発売中。

今回のセレクトは、まだ30代のころにロンドンを中心に頻繁にイギリスに行っていたときに(住んでいると言われていた、苦笑)マーケットやらレコード・フェアやらコレクターから当時購入した物を思い出しながら選んでみた。

なかでもRICOの「Silent Night」は、スカフレイムスとバッド・マナーズのライヴのときだったかな? クラブチッタでサインしてもらったので今でも大切にしている。ロックステディを流しながら、思い出すのはレコード・ディグしていたイギリスのこと。やはりまだ30代は甘く切ないときだったんだな。

01 Rico & All Stars「Silent Night」
02 Prince Buster「We Shall Overcome」
03 Roland Alphonso「Sounds Of Silence」
04 The Bassies「River Jordan」
05 Austin Faithful
　「I'm In A Rocking Mood」
06 Lynn Taitt & The Jets
　「I Want To Love You」
07 Jo Jo Bennett With Lynn Tait & The Jets
　「Living Soul Aka The Loop」
08 Lennie Hibbert「Village Soul」
09 The Gaylads「Hard To Confess」
10 Jackie Mittoo「Norwegian Wood」

Selector's Choice 14

RAS TARO

Profile
東京の老舗イベントCLUB SKAのオリジナル・クルー。Vancan Music Inc.所属。モッズやスキンズのライフ・スタイルや音楽に大きな影響を受け、1988年に渡英、オリジナル盤を収集開始。DJとしてはロックステディを軸とした選曲を得意とし、シーンを牽引。渡英時のレコード収集を綴ったブログ『万感記』が当時を知る貴重な資料として話題となっている。

この10曲は、僕が初めてロンドンを訪れ、ヴィンテージ・レコードの収集に目覚めた30年前のことを考えながら選んでみた。本当は100曲でも足りないけれど、案外好きな曲は昔も今も変わらない。

今の情報社会と違い、現場で良い音楽と出会ったときの興奮。毎週木曜日はGaz's Rockin BluesでRock Steady Eddieの選曲に酔い、平日は街中や郊外のレコード屋を巡り、週末はフリーマーケットで屋台のレコード屋をはしごした。レコード屋では粘りに粘って、いったいどれだけのレコードを試聴したのだろうか。当時はAskew RdにあったPeckings Recordsでは、帰ろうかなと思うたびに、Mr. Peckingsが両手いっぱいのレコードを持ってきてくれては試聴させてくれるので、半日以上過ごすこともあった。

スカやレゲエはどちらかと言えば思想や哲学的な要素もあるが、ロックステディは人生や感情に敷衍し、より日常生活に寄り添っているように思えるのだ。

01 Alton Ellis「Rock Steady」
02 Delroy Wilson「Rain From The Sky」
03 Derrick Harriott「The Loser」
04 The Bases「River Jordon」
05 Dermott Lynch「Hot Shot」
06 Bobby Aitken「Give Me A Chance」
07 Sound Dimension「Full Up」
08 Prince Buster「Rock & Shake」
09 Ken Boothe「Can't You See」
10 Desmond Dekker「Fu Manchu」

Selector's Choice 15

ジョン・カーディエル (John Cardiel)

Profile
ANTIHERO Skateboardsの創設メンバーであり、Vansシューズやバッグ・ブランドCHROMEのアイコン的存在でもあるレゲエ好きの天才スケーター。2003年、車に轢かれ下半身不随になるも不屈のリハビリの結果、歩行できるようになり現在は自転車に乗れるまで回復。来日時には自転車でレゲエ・レコード専門店を回るほどのレゲエ好きにしてセレクター。

---

01 聴くたびに魅了される曲。世のなかのストレスから解放されて人生に感謝したくなる。02 この曲から、レゲエは"普通の人が抱えている現実的な問題や出来事を表現し、聴く人1人1人に訴えかける音楽"になったと思う。03 個人的にレゲエが成し遂げた最良の作品だと思う。最悪の境遇を歌詞のテーマにしつつもヴァイブスを上げ、聴く人を楽しい気分にさせてくれる。04 よこしまな心を強烈なリディムで攻撃する曲。そういう心の持ち主に突き刺さり、聴く人をポジティヴにする。05 愛を探し求めるのはただならぬこと。それでも絶対に手に入れるんだという男の一大決心を聴くと希望があふれてくる。06 聡明な女性が歌うこの曲は、女性の解放を感じさせてくれる。強い女性の真意に触れるのはいつだって素晴らしい。07 自分にとっては教会みたいな存在の曲。心が落ち着いて癒されるメロディとコーラスはまさにQueen Majesty(女王陛下)。08 与えるお金はないが愛情はたくさんあるという、すごく率直な恋愛の歌。09 リディムも大好きだが、恋愛においてより良い決断をし、どう振る舞っていけばいいかを学べる歌詞も好き。10 あきらめずに立ち向かい、ちょっとやそっとのことでは死なない男になれと元気づけてくれる曲。

01 The Heptones「Party Time」
02 Alton Ellis「Cry Tough」
03 The Kingstonians「Sufferer」
04 Prince Buster「Hypocrite」
05 Errol Dunkley「Satisfaction」
06 Phyllis Dillion「One Life To Live」
07 The Techniques「Queen Majesty」
08 Dobby Dobson「Loving Pauper」
09 Ken Boothe「When I Fall In Love」
10 Prince Buster「Hard Man Fi Dead」

Selector's Choice 16

クリス・ペッキングス (Chris Peckings)

Profile
コクソン・ドッドの親友であった父、ジョージ・プライスが1960年にジャマイカからUKに移住して立ち上げたペッキングスは、欧州で最初にジャマイカのレコードを流通。1974年にはロンドンに同名のレコード店も開店。1994年にジョージが他界すると息子のクリスとデュークがレコード店を引き継ぎ、ペッキングス・レーベルからも多くの優れた作品を輩出している。

ここに挙げた楽曲は、珍しさではなく、多様なレーベルやスタジオのレコーディングによるプロダクションやアレンジをもとに選んだ。ロックステディはおそらく、ジャマイカのレコーディングの発展においてもっとも重要な時期であり、私たちにインストゥルメンタルとリズム・トラックという財産を与えてくれた。

01 Albert Tomlinson「Don't Wait Around」
02 The Uniques「Conversation」
03 Sound Dimension「Real Rock」
04 The Octaves「You're Gonna Lose」
05 The Paragons「We Were Meant To Be」
06 Prince Buster「All My Loving」
07 Lee Perry「Call On Me」
08 Roland Alphonso「Peace And Love」
09 Bob Marley「Bus Dem Shut」
10 The Techniques「Heart Of A Man」

Selector's Choice 17

石原まこちん

Profile
1976年生まれ。漫画家。代表作は『THE3名様』。レゲエ関連の漫画として『JAH3名様』『にぎっとレゲエ寿司』などもある。

ロックステディ。20代前半、頑なにスカしか聴かなかった私にとって、それは『ミュータント・タートルズ』に出てくる敵キャラの名前でしかありませんでした。しかしスカ・リスナーであれば、ロックステディを編集盤などで耳にするのは必然で、時間とともにズブズブとロックステディの底なし沼にはまっていきました。

その沼へのダイブ第一歩は、ソウル・ブラザーズの2枚のアルバム『Hot Shot』と『Carib Soul』だったと思います。この2枚によって、スローなスカがカッコいいと思えるようになりました。その後、イヴォンヌ・ハリソンの「The Chase」やヘイゼル&ザ・ジョリー・ボーイズの「Deep Down」によって、沈みゆくスピードは増していきました。

選曲した10曲はCDなどで聴ける曲なので、ぜひ探してみてください。ちなみに諸説あるロックステディ誕生秘話のなかで私が好きなのは、ジャッキー・ミットゥが手を怪我していて速く弾くことができなかったから……という説です。

01 Hazel & The Jolly Boys「Deep Down」
02 Yvonne Harrison「The Chase」
03 Norma Frazer
    「The First Cut Is The Deepest」
04 Soul Bros「Sound & Music」
05 Eric Frather「Venus」
06 Alton Ellis「A Fool」
07 Larry Marshall「I'm Still Here」
08 Tommy McCook「Starry Night」
09 Prince Buster All Stars
    「7 Wonders Of The World」
10 Alva Lewis「In The Park」

Selector's Choice 18

伊藤大輔

Profile
1980年生まれ。ライター／編集者。ジャマイカン・ミュージック好き。音楽からコピーまで、あれこれ書いてます。記憶に残っているインタヴューは、ジミー・クリフ、ファミリーマン、スラロビ。みんな音楽同様にキャラも濃かった。リロイ・シブルスにも取材してみたい。

ジャマイカの音楽を知ったきっかけは、学生時代の先輩のスカ・バンド、ONE TRACK MINDだった。東京ロンドン化計画、CLUB SKAへ通ううちに、いつしかレゲエにハマって、大学ではボブ・マーリーをテーマに論文を書いた。ロックステディを知ったのは、当時のダンスホールの現場でアーリータイムにかかっていたアルトン・エリスやケン・ブースなどのスタウン・クラシックで、決め手となったのはヘプトーンズ。ファミリーマンやロビー・シェイクスピアとも違う、シブルスのクロマチックなベース・ラインにやられ、ロックステディの魅力に気づかされた。この書籍の執筆のおかげで、クラシックなリディムを聴き直せて、友人と一緒にスタジオでジャムれたのは、夏のいい思い出。というわけで、ベースがカッコいい10曲をセレクト。

01 The Heptones「Soul Power」
02 Alton Ellis「Breaking Up」
03 Jackie Mittoo & The Soul Vendors
    「One Step Beyond」
04 The Cables「Baby Why」
05 The Paragons「The World Is A Ghetto」
06 The Silvertones「Midnight Hour」
07 The Jamaicans「Things You Say You Love」
08 Hopeton Lewis「A De Pon Dem」
09 Keith & Tex「Stop That Train」
10 The Maytals「54-46 That's My Number」

Part 5
INTERVIEWS

来日を果たして宝石のような歌声を目の前で聴かせてくれたロックステディ・レジェンドたち。来日に前後して『Riddim』に掲載されてきた彼らのインタヴューのほか、当時を知る人物たちの貴重な言葉の数々をお届けしよう。1960年代のジャマイカではカメラが超高級品だったこともあり、スタジオの様子やミュージシャンのオフショットを見られることはそうそうないが、ここで語られた証言から想像を膨らませて、当時の様子を思い描いてほしい。

2013年にMCとして来日。TOMMY FAR EAST（右）と

Special Interview

Keith Scott

キース・スコット

[Merritone / Federal Records]

取材：TOMMY FAR EAST　翻訳：高橋瑞穂
注作成：高橋瑞穂、編集部

Special Interview Keith Scott

ロックステディの時代、スタジオ・ワン、トレジャー・アイルといった大手がヒット曲を連発する一方、中小のレーベルからも数多くのリリースが行なわれていた。なかでも本書で紹介しているホプトン・ルイスやリン・テイトの諸作で知られるメリトーン・レーベルは、ロックステディを聴きこんでいく上で避けては通れないレーベルだ。本稿の主役であるキース・スコットは、スタジオ、プレス工場として多くのプロデューサーと接点を持ったフェデラル・レコーズのスタッフとして働きながら、相棒のサム・ミッチェルとともに、同社傘下に設立されたメリトーンの音楽的な監修を担った人物。ジャマイカ独自の音楽シーンの成り立ちからロックステディの時代の思い出話まで、現在はLAに住んでいる彼にじっくりと語ってもらった(取材は2018年6月に行なわれた)。

音楽に囲まれて育ち
フェデラルに就職

──あなた自身のことについて質問します。出身地と生年月日は?

1943年4月11日生まれ。ジャマイカのキングストンで育った。ビヴァリーズ・レコードの隣に住んでいた。レスリー・コング(*1)、プリンス・バスター(*2)、コクソン・ドッド(*3)、みんな近くにいて、彼らのことはよく知っている。知らない人は私のようには話せないし、作り話をする。その場にいなかったからだ。私はそういうのは嫌いだ。

──リアル・ストーリーですね。あなたが音楽の仕事をするようになったきっかけは?

兄がきっかけだ。兄はヒッグス&ウィルソンの、ウィルソンのほうで、私たちは異父兄弟だよ。彼が先に音楽業界に身を置いていた。いつも「俺と一緒にスタジオに行くかい?」と誘ってくれた。半ズボンを履いて小学校に通っているほんの子供のころの話だ。プロデュースやアレンジの仕事を始めるずっと前のことだよ。

そもそも私はブルース(本人は"ブルーズ"と発音)のダンスに通いつめている子供だった。ノース・ストリートにあるクラブの外に立って、音楽を聴く。巨大なスピーカーから聴こえてくるホットな音をね。コクソンがこちらのブロックで、デューク・リード(*4)があちらのブロックで、プリンス・バスターがジュビリー・タイル・ガーデンズで。ビッグ3が勢揃いだ。ロイド・マタドール(*5)がキング・ストリートでプレイすることもあったね。毎週土曜日の夜のお楽しみさ。その環境のなかで音楽を聴いて育ち、フェデラル・レコーズに行きついたというわけだ。

──なぜフェデラルで働くことになったのですか?

フェデラルの前に、小さなレコード・プレス工場で働いていた。スタジオが付いていない、プレス専門の場所だよ。トロピカル・レコーディングという名前のレバノン人が所有するプレス工場で俺とミッチ(サム・ミッチェル)は働いていた。でも、1961年1月、そこが火事になった。巷では保険金を受け取るためにオーナー自ら火をつけたという噂だったよ。いかにもジャマイカらしい話だろう?

ともかく私は失業してしまった。そのとき、リロイ・ライミーというフェデラルで働いていた年上の友人がオーナーのケン・クォーリ(*6)に話してくれた。クォーリによれば、トラブルになっている従業員がいるから、そいつをクビにしてから雇おうということだった。数週間たって、リロイから「フェデラルに来い」と電話がかかってきた。こんなふうに私はフェデラルで働きはじめた。

Jiving Juniors
「Ooh! Pretty Girl」
Produced by Coxsone Dodd

Lord Creator
「Independent Jamaica」
Produced by Randy's

——フェデラルでは、どんな仕事をしていましたか？

　フェデラルのプレス工場で働きはじめたその日、クォーリがやってきて、「トロピカルで働いていたのはお前か？」と話しかけてきた。「そうです。クォーリさん」「お前は何をするべきか、わかっているな」「とてもよくわかっています」「OK。それじゃ何でも、ほかの従業員の助けになることをしろ」。そのときの会話はそれだけだ。クォーリさんは私にああしろ、こうしろとは1つも言わなかった。すべて私に任せてくれた。何事も私次第だった。トロピカル・レコーディングで働いた経験から、フェデラルでも何をすればよいかわかっていたから、まず、ほうきを手に取って掃除をした。それからレコードの原料になる黒いアセテートをプレスしている人たちのところに運んだ。そうやって働きはじめた。ミッチは私より先にフェデラルで働きはじめていたな。たぶん1ヵ月ぐらい前だ。

イギリスから独立前後の
ジャマイカの音楽シーン

——最初のレコーディング・セッションは覚えていますか？

　初めてレコーディングの様子を見たのは1961年。ジャマイカンR&Bあるいはジャマイカン・ブルースと呼ばれていた類のセッションだ。シャッフル系の曲だよ。激しく踊るための音楽。当時はそれが流行だった。ジャイヴィング・ジュニアーズの「Ooh! Pretty Girl」のような曲が流行っていて、どんどん作られていた。

　当時はコクソンの天下だ。デューク・リードよりもずっと強かった。サウンドマンはコクソンのダンスをじっと聴きに行ったものさ。熾烈な競争があったからね。サウンドマンたちがコクソンのダンスから戻ってくると「どうしてコクソンはあんなすごい曲を持っているんだ？」と話題になった。翌日にはデューク・リードがコクソンの真似をしてレコーディングする。プリンス・バスターもそれに続く(*7)。お互いやりあうわけだ。私はそれをずっと見てきた。

——あなたはフェデラルのスタジオにも出入りしていたということですか？

　そうだ。レコーディングをたくさん見ていたよ。ローランド・アルフォンソに、デニス・キャンベル。シンガーにギタリストに、あらゆる人たちのセッションをスタジオの片隅に立って見ていた。

——1962年8月5日にジャマイカは英国から独立しました。独立の前後でジャマイカの音楽はどのように変化しましたか？

　大きな変化があった。独立以前にスカはなかった。1962年にはスカがあった。誰もが汗をかいて踊っていた。細かく言うと……プランナーズ(Planners)という名前のグループがいて、タイトルは忘れてしまったが、ジャマイカの独立を喧伝するために政府が作った曲があって、それが大きなヒットになった。1962年にコクソンはだいたい3曲、デューク・リードは1曲、ソニア・ポッティンジャー(*8)の旦那、リンデン・ポッティンジャーもスカのヒット曲を作った。リンデンは「Rise Jamaica (Independence Time Is Here)」だ。ジャマイカのファッツ・ドミノと呼ばれていたアル・T・ジョーが歌ったやつだね。デリック・モーガンの「Forward March」はレスリー・コングのビバリーズ、ランディー

- 142 -

Special Interview Keith Scott

独立はとてもおめでたいことだという雰囲気
それが1962年8月のジャマイカの空気だった

ズは、カリプソニアンのロード・クリエイターの「Independent Jamaica」だ。

　こういった曲が1962年にヒットした。ジャマイカが独立したおかげで流行ったんだ。ジャマイカでは多くの人が英国から分離して独立するということがどんなことなのか理解していなかった。一方、政府は「独立すれば状況は良くなる。もう英国は必要ない」と宣伝していた。残念なことにジャマイカには物事をよく理解していないのにワーッと盛り上がってしまう人たちがいる。政府が耳障りのいいことを"約束"するせいだ。独立はとてもおめでたいことだという雰囲気。それが1962年8月のジャマイカの空気だった。

時代はスカから
ロックステディへ

——スカからロックステディへ音楽が変化したときのことを覚えていますか？

　ハッキリとは覚えていないが、1966年だったと思う。私が個人的にロックステディの最初のレコードとして思い出せるのはロイ・シャーリーの「Hold Them」だ。アルトン・エリスの「Rock Steady」やホープトン・ルイスの「Take It Easy」を最初のロックステディ・ナンバーだという人もいる。でも、ロイ・シャーリーの曲はその2曲よりも古い。

——「Hold Them」はジョー・ギブス(*9)のプロデュースですね。それ以外に、スカからロックステディへと変化したときに、どのアーティストが重要だったと思いますか？

　アルトン・エリス、ホープトン・ルイス、ケン・ブース、デズモンド・デッカー&ジ・エイシズ、レスリー・コング。とても重要だ。当時、彼らの新しい曲はみんなロックステディで、どれもビッグ・ヒットになった。

　誰もがロックステディを気に入った。汗をかかない音楽だからね。スカは汗をかくほど踊る。汗だくになる。ホットすぎる。ダンスの客がトミー・マクックに言った。「スカは素敵だ。でもすごく疲れる」「もう少しゆっくりした曲がいい」とね。トミー・マクックはデューク・リードにこの話をした。デュークのセッションで試しに行なわれたのが、ごくごく初期のロックステディだった。アルトン・エリスの「Girl I've Got A Date」だ。あの曲のベース・ライン、トゥムトゥムトゥム♪を、とくに大きなスピーカーで聴くと、身体が自然に動くだろう？

——それが1966年？

　1966年だ。私はフェデラルで働いたあとにWIRL(*10)で働いたが、ロックステディ期の大半はフェデラルにいた。1966年にWIRLがマルチトラックのミキサー卓を導入した。マルチといっても2トラックだけどね。それ以前はみんな一斉にレコーディングしなければならなかった。誰かがミスをすれば最初から録音しなおしだ。そんな状況下でWIRLに2トラックのミキサー卓が入った。そこではリディムに1トラック、ヴォーカルに1トラックという具合に分けて録音することが可能になった。

　私が覚えているかぎりでは、最初にフェデラルからWIRLに乗り換えたのはレスリー・コングだ。それにプリンス・バスターが続き、ソニア・ポッティンジャーが続き、みんながWIRLへ移っていった。WIRLで作る音がフェデラルよりも遥かに良かったからだよ。

ロックステディではベースが歌う
この時代の音楽は超絶にスウィートだった

ロックステディ時代の
レコーディング事情

――レコーディングの頻度はどうでしたか？ 週に何回ですか？

　毎日だよ！　スタジオに休みはない。ロックステディの世のなかになってからは、なかなか家に帰れなかった。本当に帰れなかった。フェデラルに住んでいるような感じだった。クォーリが食事を用意してくれて、明け方まで働いた。フェデラル時代はレコーディングもプレスも夜通しという状態だよ。

――ということは、あなたはレコーディングにもレコードのプレスにも関わっていたのですね。リン・テイトやグラディなど、フェデラルに出入りしていたミュージシャンについて、何か覚えているエピソードはありますか？

　スカであれロックステディであれ、リン・テイトが関わった曲のほとんどがデューク・リードのプロダクションだ。コクソンのところにはすでにお抱えのギタリストがいたからね。リン・テイトはトレジャー・アイルのセッションを仕切っていたミュージシャンの1人だ。彼は楽譜が読めたし書けた。デュークのスカ・ナンバーで演奏されたホーン・セクションのアレンジはほとんどリン・テイトが手がけていたよ。

　ベースのアレンジをしていたのはクリフトン"ジャッキー"ジャクソン。リンが最初にギターでジャッキーに弾いてみせる。「こんなふうに弾いて」とね。それを聴いてジャッキーがベース・ラインを弾く。リンがOKを出すと、ほかのメンバーが「録音しよう」と言う。楽譜はない。ミュージシャンはすべてを頭に叩き込んでおかなければならない。リンはジャッキーが奏でるベース・ラインに被せるようにギターを弾く。よりスウィートな音を作るためだ。出来上がるものは、それはそれはスウィートだった。ロックステディの時代の音楽はそうだった。音が超絶にスウィートだった。スカではホーン・セクションがメロディを奏でる。ロックステディではベースが歌う。

――グラディはどうだったでしょうか？

　ジャッキー・ミットゥはコクソンのミュージシャン。グラディはデューク・リードのミュージシャン。でも、レコーディングでもっと稼ぎたい。みんながそうだ。たとえば夕方5時にセッションが終われば、「早すぎるな」という話になる。2つ目、3つ目のセッションができる。リン・テイトはよく言っていたよ。「もっと金がいる。フェデラルの稼ぎだけじゃやっていけない」とね。そうやって夜中の2時、3時までセッションをして稼ぐ。デューク・リードにビヴァリーズにプリンス・バスターにといった具合だ。みんなそうやって稼いでいた。知らぬはケン・クォーリただ1人。そういう時代だった。

――スタジオでのグラディの役割はどういうものでしたか？

　レコーディングに来るシンガーは最初にグラディの横に行って歌って聴かせる。グラディはそれを聴いてコードを把握してリン・テイトに伝える。「リン、コードはA#、Bm、Cだ」という具合に。その作業を3、4回繰り返しているうちにリディムが出来上がり、「OK、レコーディングしよう！」となる。スタジオ・ワンでも同じことだ。アーティストは最初にジャッキー・ミットゥのところへ行く。ジャッキーがギタリストにコードを伝

Alton Ellis
「Girl I've Got A Date」
Produced by Duke Reid

Hopeton Lewis
「This Music Got Soul」
Arranged by Keith Scott
Produced by Sam Mitchell

える。それをもとにベース・ラインが作られて、録音だ。楽譜なし、記憶のみ。それがジャマイカのレコーディングだった。

——ロックステディ時代のビッグ・シンガー、ホープトン・ルイスについてはどうですか?

ホープトンのフェデラルでの最初のセッションは「This Music Got Soul」だ。この曲のアレンジは私がやった。ベース・ラインもすべてアレンジした。覚えているよ。コントロール・ルームに入ってエンジニアに言った。「この曲、ギターとピアノを半々にしてみたら?」と。ギターの音が大きくてピアノがその間で鳴っている状態だったからね。「ピアノを鳴らしてギターがその上に被さる感じにしてみて」と言った。みんな、「この若いのは何を言っている? どこから来た? 音楽がわかるのか?」という顔をしていたね。でも、私には何をどうすればいいのかわかっていた。結果的に「This Music Got Soul」はグッと良い曲になって大ヒットした。私が指示を出したおかげだよ。ほかのホープトンの曲も同じだ。誰であっても、フェデラルからはヒットがどんどん生まれた。

フェデラルに出入りしていたプロデューサーたち

——あなたはほかのレーベルと何か関係はありましたか? フェデラルではあらゆる人と親しかったようですが。

スカからロックステディ時代のすべてのプロデューサーと親しくしていたが、とくに関係が深かったのは4人だ。1番コクソン、2番デューク・リード、3番プリンス・バスター、4番レスリー・コング。次点がソニア・ポッティンジャー。彼らとはとても良い関係を築いていた。

——それぞれのレーベルについて、どのように思っていますか?

いい質問だ。第一に、ロックステディ時代はデューク・リードの天下だった。ロックステディ期の後半になってコクソンが盛り返した。コクソンがブライアン・アトキンソンという素晴らしいベーシストを手に入れたからだ。"ロックステディ期のコクソン・プロダクションの陰にブライアン・アトキンソンあり"だ。デュークは再びホットにはならなかった。コクソンの盛り返しが大きかったから。けれどもロックステディ期全体ではデュークの天下といえる。もちろんレスリー・コングもいた。ジョー・ギブスもプリンス・バスターもいた。でも、やはりコクソンとデューク・リードの天下だ。彼らはセッションの数がケタ違いに多かったし、資金も潤沢にあった。

——ビヴァリーズはどうでしたか? デリック・モーガンやデズモンド・デッカー&ジ・エイシズのヒット曲、ローランド・アルフォンソによるロックステディ期の素晴らしいインストゥルメンタルがたくさんありますよね。

レスリー・コングのロックステディ・インストゥルメンタルは多くが1966年のリリースだ。ちょうどスカがフェイドアウェイした年。どれもリン・テイトとローランド・アルフォンソの手によるものだ。アレンジもすべて彼らがやった。レスリー・コングはあまり音楽のことには詳しくなかったね。スタジオではジェームズ・ボンドみたいなクールなサングラスをかけて立っている。で、タバコを手放さない。いつもタバコを吸っている。1本終わるとすぐにまた1本。1966〜68年はレスリー・コングのプライム・

Alton Ellis
「I'm Still In Love」
Produced by Coxsone Dodd

The Maytals
「Do The Reggae」
Produced by Leslie Kong

ロックステディ時代だ。彼はレコーディングをうまくコントロールできていたよ。

アメリカの音楽からの影響と
アップタウンの様子

── 当時、ジャマイカの人たちはロックステディ以外にどんな音楽を聴いていましたか？

アメリカの音楽だね。ハーブ・アルバート＆ザ・ティファナ・ブラスを知っているか？ ジャマイカでは大ヒットだった。ジャマイカ人はとてもセンチメンタルな人たちだ。ソフトな音楽が好きだ。いや、何でも好むけれどソフトな音楽も好きなんだ。アメリカで人気があったものは何でも、テンプテーションズ、フォー・トップスは当時、ジャマイカでとても人気があった。

── ロックステディ期には多くのカヴァーがありましたね。

そう。アメリカの曲を頻繁に取り入れていた。とくにリズム＆ブルース。スカのあと、ロックステディの時代になると、ジャマイカのヴォーカル・グループはよりタイトに、よりシャープに、よりハーモニーが際立つようになった。スカ時代よりも遥かに進化した。ザ・センセーションズやザ・メロディアンズ、ヴォーカル・グループのハーモニーは非常に正確だった。というのもアメリカのグループがジャマイカに公演にくると……。

── 当時、ジャマイカに来ていたアメリカのグループとは？

テンプテーションズ、フォー・トップス、それからサム＆デイヴ。メンフィス、モータウンはジャマイカ人の大好物だった。ロイド・チャーマーズから聞いた話だが、パートナーのロイ・ウィリスと2人でテンプテーションズとフォー・トップスのショウを観たあと、「これなら俺たちにもできる」と思ったそうだ。そして、実際にそのスタイルを取り入れてカヴァーをやった。それがあのころのやり方だった。

── メリトーン・サウンドのウィンストン・ブレイク(*11)のことは覚えていますか？

もちろんだ。彼のセットはアップタウン・サウンドの1つだ。ゲットー・サウンドではない。アップタウンに行くとカワイイ子がいっぱいいた。ホットな女の子がね。

── ロックステディ期はとくに？

そうだ。スカやブルース・ダンスの時代はBoogie Yaggaガールだ。

── Boogie Yaggaというのは、いかにもゲットーっぽい女の子のことですね。

私はゲットー・ガールよりアップタウン・ガールだね。アップタウンでは女の子はとくに素敵に装っているから。ハーマン・チン・ロイが、たしか"ロータス"という名前のサウンドを持っていた。アップタウン・サウンドだ。ミッチと私がそこへ行くと──というのも当時ダウンタウンではルード・ボーイのヴァイオレンスが激しくなっていたから、アップタウンへ行った。入口ではセキュリティガードが客のチェックをする。ガンとか危険なものを持っていないかを調べる。初めての経験だった。

なかはとても素敵だったよ。ガツンとやられたね。ロックステディ！ 私とミッチは流れる音楽に耳を傾けた。聴こえてきたのはアルトン・エリスの新曲「I'm Still In Love」だ。スタジオ・ワン。ほかにはデューク・リードの、たしかザ・メロディアンズの曲が流れていたと思う。そう

スカと違い、ロックステディについては
アップタウンの人々が好んでレコードを買っていた

いう状況で「I'm Still In Love」を聴いていたら、コクソンが歩いているじゃないか。私たちのほうを見て彼は言った。「こっちへ来い。この曲を聴け」とね。スタジオ・ワンからリリースされたばかりだよ。それにデューク・リードのザ・メロディアンズの曲。彼らもすごい人気だった。ベース・ラインが聴こえてくると大騒ぎだった。客はとても気に入っていたね。

そういえば、アルトン・エリスの「I'm Still In Love」は実話だ。アルトンはよくデートしていた女の子にふられた。失恋して死にそうだった。心から彼女を愛していたからね。それで曲を書いた。I'm still in love with you♪とね。本当だ。

ロックステディ時代の
レコードをめぐる状況

——ロックステディの時代にレコードを買っていたのはどんな人々ですか?

誰もがレコードを買って楽しんでいた。ロックステディもそうだ。ただ、ロックステディについてはダウンタウンの人々よりもアップタウンの人々が好んでレコードを買っていた。アップタウンの人たちは、スカのことを「ボフボフ・ミュージックだ」と文句を言っていた。ボフボフっていうのは"同じことが永遠に続く単調な"という意味だ。ロックステディになって、スカとは違うタイプの音楽だとわかったのだろう。ザ・メロディアンズにザ・パイオニアーズ、彼らはハーモニーの完成度がスカ時代より遥かに高くて洗練されていた。

——歌詞もスカ時代よりずっとスウィートですよね。

しかも、ロックステディ期にはマルチトラック・レコーディングになっていた。覚えているよ。レスリー・コングが片方のスピーカーからインストゥルメンタルを聴き、もう一方からヴォーカルを聴く。彼は最高に幸せな気分だったと思う。「この連中は本当に歌える! バックのリディムなしで、ヴォイスだけでも聴ける!」とね。

——当時のレコードは1タイトルにつき何枚ぐらいプレスされていたのでしょうか?

最初は150枚とか200枚。それが売り切れて、まだ買いたいという客がいれば再プレスをかける。100枚とかね。それが500枚になり、1000枚になり、ヒット・チャートで1位になる。

——プレス枚数を決めるのはプロデューサーですか?

もちろん。レコードを"所有"しているのはプロデューサーだから、プロデューサーがすべてを決める。ジョー・ギブスであれ、コクソンであれ、デューク・リードであれ、ビヴァリーズであれ、レコードを所有しているプロデューサーがフェデラルに来てプレスの注文をした。当時はそういうやり方だ。

——レコーディングが終わってから店頭に並ぶまで、どのくらいの日数がかかりましたか?

レコーディングが済んで、マスタリングしてプレスしてレーベルを貼って店に並ぶまでは、だいたい2、3日だったね。

——たったの2、3日ですか? 恐ろしい早さですね。

工場は夜も稼働していた。本当だよ。コクソンはヒットになると思ったレコードがあると、工場に直接やってきた。上得意客だったから、クォーリはコクソンが工場に出入りするのを許

ロックステディがジャマイカをヒットしたとき
人々のムードもダンス・シーンもすっかり変わった

可していた。コクソンは私たちのところへきて、「金曜日までに〇〇枚プレスしてほしい」と言ってくる。私たちは「何とかします。任せてください」と答える。当時はそういうやり方だった。原料のアセテートを手で温めては、次から次へと新しいレコードをプレスしたものさ。

——1960年代のジャマイカは7インチが主流の文化です。一部のアーティストはアルバムも作りましたが、ロックステディ期においてアルバムはどんな位置づけでしたか？

アルバムは価格が高いから、それほど売れるものではなかった。記憶しているのは、レスリー・コングが制作したデズモンド・デッカー&ジ・エイシズのアルバムがあっただろう。

——ロックステディ期の彼らのアルバムだと、『Action!』ですね。

それだ。あのアルバムに収められた曲はどれも美しくて素晴らしい。でも、客がレコード屋に来てアルバムを試聴しても、「お金がない。アルバムは買えない」と言う。これを聞いたレスリー・コングはアルバムから数曲を選び、シングル・カットして売った。この手のビジネスはレスリー・コングが始めたものだが、彼に限ったことではない。

ロックステディから
レゲエへの変化

——ロックステディ期というのは1966年〜68年で、その後はレゲエになります。

そうだ。1966〜68年まで。私はフェデラルを68年の11月に辞めたが、そのときロックステディはまだホットだった。ロックステディは初期のレゲエに合体していった。だから1969年に

はまだロックステディの楽曲が一部にあった。しかし多くはない。ごく少数だ。そしてレゲエの天下になる。

——ロックステディからレゲエへの変化はどのように起きたのでしょうか？

じつのところ、レゲエを初めて聴いたとき、私はベースとギターの在り方がつかめなかった。ごちゃごちゃガラガラ鳴っている感じがしてね。受け入れるのに少々時間がかかった。理由はハッキリとわからないが、トゥーツ&ザ・メイタルズの「Do The Reggae」がリリースされて……。

——1969年ですね。

あの曲は突如、ヒット・チャートを駆け上がっていった。その日にレゲエが生まれ、その後はずっとレゲエだ。1970年代に入るとロッカーズがシーンに登場した。そういう流れだ。今度はレゲエがロッカーズに溶け込んでいった。ダブもそうだね。

——1960年代後半にジャマイカで生まれたロックステディが世界に広まり、現在も聴かれ続けている理由は何だと思いますか？

ロックステディが今も世界中で愛されている理由？　なかなか理解しづらいかもしれないが、頭のなかで当時の様子を思い描いてみてほしい。ロックステディがジャマイカをヒットしたとき、人々のムードもダンス・シーンもすっかり変わった。人々はただ立って音楽に合わせて揺れて（ロックして）踊ることができた。クール・ロックステディ。スカはハードだ。クールじゃない。誰もが汗をかいてハンカチでゴシゴシ顔を拭いているんだからね。それに比べたら……ロックステディは洒落ているよ。

注

*1 レスリー・コング：1933〜1971年。中国系ジャマイカ人のプロデューサー。彼のレーベルであるビヴァリーズは、オレンジ・ストリートにあった同名のアイスクリーム屋兼レコード店が基礎になっており、1961年、この店の前で歌ったジミー・クリフの才能を見出し、レーベルを設立したという。翌年にはボブ・マーリーの極初期のレコーディング（「One More Cup Of Coffee」や「Judge Not」）を行なったことでも知られている。デズモンド・デッカーの「007」「Israelites」で早い時期に海外市場でも成功を収めた。なお、スコット氏自身は "レズリー・コング" "ベヴァリーズ" と発音していた。

*2 プリンス・バスター：本名、セシル・バスタマンテ・キャンベル（1938〜2016年）。キングストン生まれ。本書ではアーティストとして作品も紹介しているが、サウンドシステムやレコード・ショップのオーナー、プロデューサーとしての顔も持つ。1960年代のジャマイカではスーパースター的存在で、コクソン・ドッドのボディガードとしての武勇伝も有名。

*3 コクソン・ドッド：本名、クレメント・シーモア・ドッド（1932〜2004年）。ジャマイカン・ブギウギ、スカ、ロックステディ、レゲエとジャマイカ音楽の発展にもっとも貢献し、影響を与え続けたプロデューサーの1人。1954年、サウンドシステム "ダウンビート" を設立。1957年からサウンドシステム用のレコーディングを始め、1959年にワールド・ディスク社を設立。1963年、ブレントフォード・ロードにジャマイカ史上初の黒人所有のスタジオであるスタジオ・ワンをオープンした。1980年代に活動の場をNYに移していたが、1998年に帰国。スタジオ・ワンを再稼働してまもなく、レコーディング中に倒れた。

*4 デューク・リード：本名、アーサー・リード（1915〜1975年）。トレジャー・アイル・レーベルを率いた、コクソン・ドッドと並ぶ重要プロデューサー。元はウェスト・キングストン地区の警官だったが、1950年代初めに妻が宝くじに当たり大きな財産を得たため警官を退職して "トレジャー・アイル" というリカー・ストアを開店した。ジャマイカのリカー・ストアは酒類の小売以外に小さな店舗が併設されているのが普通で、客はラジオや音楽を聴きながら一杯飲むことができた。リードは店の宣伝のためにラジオ局のRJRに『トレジャー・アイル・タイム』という音楽番組を持っていた。この番組が好評だったため、リードは自身のサウンドシステム "トロージャン" を立ち上げて、商売を拡大するに至る。リードのトロージャンとコクソンのダウンビートは1950年代末にはジャマイカの二大人気サウンドシステムに成長した。（『ベース・カルチャー』ロイド・ブラッドリー 著／髙橋瑞穂 訳／シンコーミュージックより、要約）

*5 ロイド・マタドール：本名、ロイド・デイリー（1942〜2018年）。1956年にサウンドシステム "ロンド・ザ・マタドール" を始める。1958年よりレコーディング業界にも参入し、ローランド・アルフォンソやリコ・ロドリゲスらのインスト作品をリリース。1968年ごろからレコード制作により力を入れるようになり、マタドール・レーベルからはエチオピアンズやウェイリング・ソウルズらの作品を輩出した。

*6 ケン・クォーリ：本名、ケネス・ロイド・クォーリ（1917〜2003年）。1949年に中古のレコーディング機材を買い、自らが経営していたキング・ストリートの家具屋（タイムズ家具店）に設置して、タイムズ・レコードを設立。ここでは主にメントのレコードを制作していた。1954年ごろにアメリカから2台のレコード・プレス機を購入してレコード・リミテッド社を興し、レコード・プレス事業を本格的に開始。その後、1960年代初頭にクォーリのスタジオとプレス工場はマーカス・ガーヴィ・ドライヴに移転してフェデラル・レコーズとなった。フェデラル・レコーズとなったのは資料によって差異があるが、1961年となっているものが多い。1950年代半ばから60年代初めにかけて、このクォーリのビジネスの恩恵をもっとも受けたのは、クリス・ブラックウェルやエドワード・シアガのように資金が潤沢で英米に自由に行き来できるプロデューサーではなく、コクソン・ドッドやプリンス・バスター、あるいはデューク・リードのようなプロデューサーだったと言われている。彼らはクォーリのスタジオとプレス工場を活用して自らの土台を作った。なお、1981年にフェデラルはボブ・マーリーに売却され、タフ・ゴングとなる。

*7 デューク・リードがコクソンの真似をしてレコーディングする。プリンス・バスターもそれに続く：デューク・リードは1957年にフェデラルで、トロージャンで使用するためのスペシャル（サウンドシステムでプレイするためだけに制作するエクスクルーシヴなレコード。ダブ・プレート、ダブとも呼ばれる）を制作するためにレコーディングを開始。その後、同じ年にコクソン・ドッドとプリンス・バスターもフェデラルでスペシャルの制作を開始。その後、レコーディングはスペシャル制作から一般販売用レコードを目的としたものに移行する。コクソンはオール・スターズ、ワールディスクといったレーベルからレコードをリリースし、バスターは1960年にヴォイス・オブ・ピープル、リードはトレジャー・アイルを興す。

*8 ソニア・ポッティンジャー：1931〜2010年。ジャマイカ音楽業界で1960年代〜80年代初頭にかけて活躍した唯一の女性プロデューサー。スカ期にはババ・ブルックスやローランド・アルフォンソのインスト、ロックステディ期にはエチオピアンズやデラーノ・スチュワートらの甘いラヴ・ソング、1970年代にはマーシャ・グリフィスのプロデュースで知られる。ゲイ・フィート、ハイ・ノートが主要レーベル。

*9 ジョー・ギブス：本名、ジョエル・ギブソン（1942〜2008年）。リゾート地のモンテゴ・ベイで育ち、その後キングストンでラジオとTVの修理屋を開業。次第に店頭でレコードも売るようになり、1966年にはレーベル、アマルガメイテッドを興してレコーディング・ビジネスに参入。初期はリー・ペリーに音楽監督を任せていたアマルガメイテッドは短命に終わるが、1970年代に入ると自身の名を冠したレーベルからリリースを続け、レゲエの隆盛に一役買うことになる。エロール・トンプソンとのマイティ・トゥーとしてレゲエ史に残るプロデューサーの1人である。

*10 WIRL：West Indies Records Limitedの頭文字を取ったWIRLは、のちにジャマイカの首相にまで昇りつめるエドワード・シアガが、レコーディング・スタジオ、プレス工場、レコード・レーベルとして1958年に設立。自らもプロデューサーとしてメントやスカのレコーディングを行なった。その後、政界で多忙になったシアガはWIRLをバイロン・リーに売却、ダイナミック・サウンズと名称が変更され、大手ディストリビューターとしても成長していくことになる。

*11 ウィンストン・ブレイク：1940〜2016年。メリトーン・サウンドは、ヴァル・ブレイクにより、1950年にジャマイカ南東端のセント・トーマス教区で始動。その後ヴァルの逝去に伴い、息子のウィンストン・ブレイクが中心となって運営していく。1972年にはキングストンにターンテーブル・クラブというクラブをオープン。そこでのライヴ・アルバムも残されている。キース・スコットが関わったフェデラル・レコーズ傘下のメリトーン・レーベルとは無関係とされるが、メリトーン・レーベルに多くの作品を残したホープトン・ルイスが1973年にリリースした『Grooving Out On Life』（ダイナミック・サウンズ）にはプロデューサーとしてウィンストン・ブレイクの名がクレジットされている。

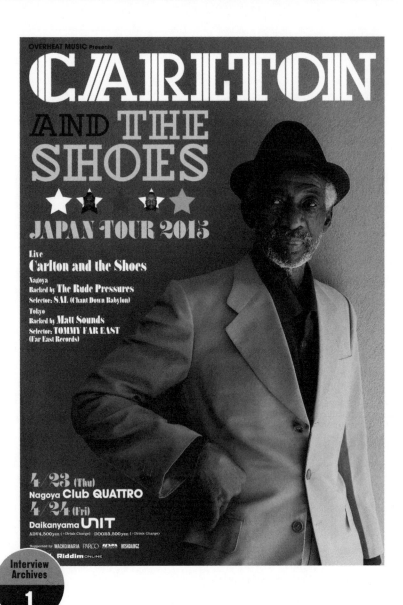

Carlton & The Shoes
カールトン&ザ・シューズ

取材・文：石井"EC"志津男
写真：cherry chill will
初出：Riddim Online（2015年2月25日配信）

やはりジャマイカはクソ暑い。空港で借りたレンタカーはショックアブソーバーがヘタっているのか妙にフワフワする。まずはエアコンをフル、ラジオもフル・ヴォリュームでIRIE-FM、そしてアクセルを思いっきりベタ踏みすれば、いつものキングストン・スタイルのドライヴが蘇るってもんだ。ゴールド免許が一気に12点減点になってしまった65キロ・オーバーの違反も、こっちじゃ対象外だぜと海岸線をぶっ飛ばす。うしろについて来るクルマはもう見当たらない。

クラクションを二度鳴らして、ドアに向かってデカい声で「カ〜ルト〜ン〜！！！」と呼んでみる。カールトン・マニングとはすでに四半世紀におよぶ旧知の間柄だ。彼の家は、マイケル・マンリー空港からキングストン市内に向かう途中のマウンテン・ヴューにある。だから前を通るたびに声をかけるのが、いつもの俺の流儀。今回は、グラディ（アンダーソン）の病気見舞いにやって来たのだが、ちょっと立寄ってみた。

いつもどおりゆっくりと「オー、イシイ」と出てきた。どうやら上半身は裸だったらしくシャツに腕を通しながらの登場だ。とても元気そうじゃないか。

カールトン＆ザ・シューズはレゲエ、スカ、ロックステディ好きだけではなく、レア・グルーヴ・ファンまでをも虜にして、デビューから50年近く経った現在でもその人気は高い。今でもクラブでは「Love Me Forever」や「Give Me Little More」がプレイされているのはご存知のとおり。

少しばかり手前味噌なのだが、彼への大きな再評価は1992年にオーバーヒート・レコードから『This Heart Of Mine』をCDで再発したあたりからだっただろうか。その後、本家クオリティ・レコードからそのアナログの再発が続き、95年にはやはりオーバーヒートから13年ぶりの3rdアルバム『Sweet Feeling』を、そしてさらに7年後の2002年には4thアルバムの『Music For Lovers』を出した。そんな腐れ縁でカールトンとの付き合いも、もはや四半世紀になってしまったというわけだ。

ミュージシャンは
多才でなければならない

―― 今さらだけど、軽くインタヴューするよ。日本にはずっとカールトンの独創的な曲、コーラス、そしてファルセットにシビレている人が多いんだけど、新しいファンもいるからね。まず歌いはじめたのはいつ？

生まれてからずっと歌っているさ。歌うのが大好きでね。母も歌がうまくて教会でシンガーとして歌っていたからね。

―― カールトンはギタリストとしてもソングライターとしても、他のジャマイカのアーティストと比べると、とてもオリジナルなセンスを持っているよね？

そうさ、Versatile（多才）でなければいけない。いろいろできないとね。カリプソ、レゲエ、R&Bとか、ほかの音楽の形態もね。もちろんロックステディがメインだけど。いいミュージシャンというものはいろいろな音楽に通じていないとダメさ。たとえば、アルバムが12曲収録だとするだろ。全曲ロックステディだとする。それでも売ることはできるけど、限定されるかもしれないし、聴いた人も飽きるかもしれない。だいたいCDを買うときは、特別な1曲を聴きたくて買うわけだろ。だから、俺は収録曲がバラエティに富んでいるように構成するんだ。たとえば、4〜5曲がロックステディで、2曲スカ、1〜2曲R&B、1曲インストゥルメンタルといった具合にね。

――ギターはいつから弾くようになったの?

20歳ぐらいから弾きはじめたんだ。ギターは作曲するのにとても役立つし、曲のリディムを作る助けになる。曲によっては、リズムとギターを先にレコーディングして、あとで声を乗せるようにしたりね。自分が曲を作るときは常にギターだ。歌詞が先にある場合はギターを使ってその歌詞に合うようにリディムを奏でるようにしたりね。リディムが先の場合は、それに合わせて歌詞をそのあとに書いたりもしていたよ。

――どうしてギターを始めることになったの?

楽器を学ぶことで得ることが多いんだ。タイミングやノーツやコード理論を理解するようになるからね。そうすればいいハーモニーを生み出すことができる。ギターのコードはハーモニーだからね。楽器を演奏するにはちょっとした技術が必要だ。ギターもそうさ。どんな楽器もタイミングやいろいろな技術を得ることで、音楽に必要なことが理解できるんだ。

『Love Me Forever』制作秘話

――スタジオ・ワンから1stアルバム『Love Me Forever』をリリースしているけど、その経緯について聞きたいね。

レコーディングしたのは1968年だった。コクソンのところで、最初の1日で4曲を録ったんだ。その4曲は「Love Me Forever」「Me And You」「This Feeling」「Love To Share」だ。それから4〜5週間してまた3曲をレコーディングした。だがそれ以上はレコーディングをしなかったんだ。なぜって、その曲はシングルになってもお金にならなかったから、それ

楽器を学ぶことでいいハーモニーを生み出すことができる
ギターのコードはハーモニーだからね

　以上は歌わなかったんだ。でもスタジオに行ってギターやベースを弾いていたよ。それから1年ぐらいたってから、アルバムをリリースしたいってコクソンが言ってきて、曲が足りないから1曲レコーディングしろって話になって、結局3曲をレコーディングしたよ。だからずっとあと（1976年）になって10曲のLPとして『Love Me Forever』は発売されたんだ。その後はシングルを4曲ぐらい録音したかな。お金はもらってないさ。そんなこともあって彼とは会わないようになった。コクソンと離れてからは、自分でプロデュースするようになり、時間こそかかったけれど1982年にアルバム『This Heart Of Mine』をリリースできたんだ。

　――あれは名盤だね。それがリリースされてちょうど10年後だったね、俺が日本で1992年にCDの再発をしたんだけど、あれって世界初のCD化だったはずだ。それで記念に来日コンサートもやったんだ。グラディやブレン・ダウ（メロディアンズ）、エルバート・スチュワート（ケイブルズ）も一緒に来日させた"Rocksteady Night"ってイベントだ。カールトンもトラファルガーにあったコートレー・ホテルの俺の部屋にベストをビシッと着込んで現われて、翌日はナショナル・スタジアム前のスタジオでリハをやって……。いや～、懐かしいよ。覚えているかい？

　覚えているさ！　ちょっと待ってくれ！（と言って奥の部屋から大きな封筒に入れて大切に保存してあるフライヤーとポスターを持ってきて）ほら、取ってあるぞ。そろそろフレームに入れようと思っているんだ。

　――オオッ、嬉しいね！　俺も1枚しか持ってないよ。これは貴重だな。ところで、アビシニアンズとのつながりは？

　俺の兄弟のうちの2人、ドナルド・マニングとリンフォード・マニングはアビシニアンズのオリジナル・メンバーだよ。最初はリンフォードも俺と一緒にカールトン&ザ・シューズとして歌ってたんだ。でもあるとき、もう1人のメンバーのアレキサンダー・ヘンリーがアメリカに行ったまま帰ってこなかったんだ（1981年にNYで他界）。誰も代わりがいなくてシューズは止まってしまってね。そんなこともあってリンフォードはほかの兄弟、つまりドナルドと一緒にアビシニアンズを結成することになったんだ。アビシニアンズは、リンフォードとドナルド・マニング、そしてバーナード・コリンズがオリジナル・メンバーだ。俺が2人の兄弟にギターやコーラスも教え、彼らがまたバーナードに教えたから、俺が最初に始めたようなもんだよ。俺は6人兄弟の3番目だけど、上の2人はもう亡くなったから俺が兄弟のなかで一番年長なんだ。アビシニアンズの「Satta Massagana」の出だしは、カールトン&ザ・シューズの最初のシングル「Happy Land」のリリックからだって知ってるだろう？　彼らは「Happy Land」を使って「Satta Massagana」を作ったんだ。メロディは違うけどね。

　――来日が決まっているけど、どんな感じになりそう？

　久しぶりの日本だ。2人連れて行くバック・コーラスは俺より歌がうまいからね（笑）。楽しいショウになるはずだよ。古い曲は当然だけど新しい曲もやりたいね。だからロックステディの最高のショウになるはずだ！

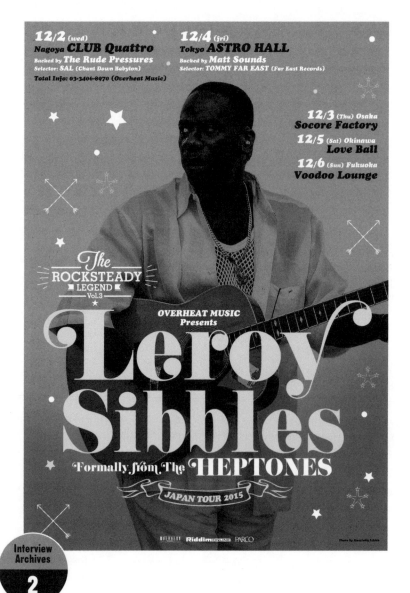

Leroy Sibbles
リロイ・シブルス

取材・文：石井"EC"志津男
写真：石田昌隆
初出：Riddim Online（2016年2月6日配信）

2015年12月にやって来たザ・ヘプトーンズのリロイ・シブルス。このインタヴューは帰国直前、お決まりのような浅草観光のあと、成田空港に向かうクルマのなかで行なった。来日公演はどこも大盛況、東京はマット・サウンズ、大阪は浦朋恵 & The Fun Boy Five、名古屋はルード・プレッシャーズがそれぞれバックを務め、沖縄と福岡はDJセットでのライヴだった。全公演、まるでバケツの水でもかぶったかのような汗だくの大熱演、しかも「Only Sixteen」「Party Time」「Equal Rights」「Fattie Fattie」などヒット曲に次ぐヒット曲のオンパレードで、良質なジャマイカン・ミュージックのショウケースを見るような濃い内容だった。それもそのはず、ザ・ヘプトーンズの曲の多くを作曲し、自らリード・シンガーとして歌ってきた男のライヴだからね。

3人組のコーラス・グループであるザ・ヘプトーンズは、カルトーン・レーベルで「School Girls」と「Gunmen Coming To Town」を初レコーディングしたあと、コクソン・ドッドのスタジオ・ワン・レーベルに移りヒットを連発。同レーベルの中心グループになった。

だが1970年代の中ごろに、リロイ・シブルスはザ・ヘプトーンズを脱退し、カナダのトロントに移住する。その後もソロ・アーティストとしてたくさんのシングルとアルバムをリリース、ライヴ活動をしてきて、現在はまたジャマイカに在住している。

ベースを始めたきっかけは
ジャッキー・ミットゥ

——あなたはザ・ヘプトーンズの曲の多くを手がけ、リード・ヴォーカルでした。そしてスタジオ・ワンのレコーディング・バンドであるソウル・ヴェンダーズのベーシストでもありました。まさにジャマイカン・ミュージックのリヴィング・レジェンドだと思います。あなたの音楽学校はスタジオ・ワンだと思いますが、どのようにベースを始めたのでしょうか？

ジャッキー・ミットゥから「ショウのためにベース・プレイヤーが必要だ」と言われたんだ。Tit For Tatというクラブでジャッキーがピアノ、そしてドラムとベースのトリオ編成だった。俺は「ベースはやったことがないよ」って言ったけど「できるよ、大丈夫」と言われてジャッキーと2人でスタジオに入って、彼がキーボードを弾きはじめて俺がベース・ラインを練習してショウに行った。それがきっかけでベースを弾くようになったんだ。

——どれくらいの期間練習したんですか？

たしか3日間だったね。

——オー！

だってショウは、その週末だったんだ。

——昨夜、ソウル・ヴェンダーズのアルバムを2枚引っぱりだして聴いたんです。そのうちの1枚にはローランド・アルフォンソがサックス、ジョニー・ムーアがトランペット、そしてベーシストとしてロイド・ブリヴェットがクレジットされていましたが？

そうだよ。彼は俺の前にソウル・ヴェンダーズでベースを弾いていたからね。俺の前にはたくさんのベーシストがいたはずだよ。ロイド・ブリヴェットはスカタライツもやっていたし、ジャッキーもそうだ。だから彼らはヘプトーンズの1stアルバムで演奏してくれているよ。『On Top』ではボリス・ガーディナーがベースを弾いている。その後は俺もスタジオ・ワンでベースを弾きはじめて、Badなベース・ラインをいろいろと生み出した。No.1ベース・ラインだよ！

——あなたが生み出した「Satta Massagana」や「Pass The Kouchie」のベース・

俺はスタジオのなかで一番仕事をしていた
毎日毎日スタジオ・ワンにいたよ

ラインはジャマイカン・クラシックといえるほど有名です。東京と大阪ではバンドのベースを借りてその2曲を「俺が作ったんだぞ」と言いながら弾いて大ウケでした。ほかには？

ほかにジ・エターナルズの「Queen Of The Minstrels」「Stars」、ザ・ケイブルズの「Baby Why」「What Kind Of World」、それとデニス・ブラウンの1stアルバム『No Man Is An Island』のすべての曲、アルトン・エリスの「Can I Change My Mind」もそうだし、バーニング・スピアのスタジオ・ワンでのアルバム、先日亡くなったジョン・ホルトのスタジオ・ワンのアルバム、ホレス・アンディの「Mr. Bassie」、ケン・ブースのアルバムも1枚やっている。アビシニアンズの「Declaration Of Rights」、これはスタジオ・ワンではないけれどもムーディスク・レーベルの「Midnight Drifter」も誰もが聴いたことがあるはずだよ。

――なんともはや、スゴイです。レゲエの歴史を作っています。では、スタジオ・ワンのコクソン・ドッドという人物について聞かせてください。

人物としてはナイスな人だった。ビジネスマンとしてはRatだ。お金が絡んでくると彼はすごく自己中心的になる。ビジネスサイドのことは、まるで何も話してはくれなかったし、彼がすべてを握っていた。彼のスタジオでプレイした曲はすべて彼の音楽だと言っていた。彼は楽器ができなかったけど、すべての音楽はコクソンのものだと話していた。彼はレコードに作者名をほとんどクレジットしなかったしね。だからほとんどのミュージシャンやシンガーは貧しいまま亡くなっていったが、コクソンはリッチ

だった。彼のファミリーもだ。それは良くないことだと思う。だが、彼が与えてくれたチャンスのおかげで、自分の音楽の能力をこうして今でも表現できるのも事実だ。

スタジオ・ワンでの
レコーディング事情

――私は、あの1960年代にワープしてスタジオ・ワンに潜入してみたいと思うことがあるんです。きっとクローズドなスタジオだったと思いますが、そこでの1日はどのような流れで進んでいたのでしょうか？

自分の場合は、日曜日にオーディションをやって、新しいシンガーを選んでいた。そして、月曜日から金曜日はほかのミュージシャンと一緒に12時から17時まで音楽を作る。シンガーが曲を持ってくると、みんなで練習をしてレコーディングしたんだ。俺はベースを弾くだけでなくアレンジも任されていたから、ホーン・セクションのイントロの指示を出し、新人シンガーのハーモニーもクリエイトして、俺と"バリー"ヘプトーンズがバック・グラウンドのハーモニーを歌っていたんだ。土曜日はヴォイシングをしていたから、俺はスタジオのなかで一番仕事をしていたことになるよ。毎日毎日あそこにいたよ。

――当時のスタジオ・ワンのスタジオにはいつも誰がいたのでしょうか？

今まで名前を挙げた人たちはもちろん、あとはミュージシャンでいえば、たまにキーボードにロビー・リン。リロイ"ホースマウス"ウォレスがドラムを叩いているときもあった。"Trommie"ことヴィン・ゴードンがトロンボーンでいたり、

サックスのヘドリー・ベネットもいたな。たまにはギタリストとしてカールトン（マニング）が来たり、リック・フレイターなんかもいた。
——ジャッキー・ミットゥもいたんですか？
いや、俺が仕切っていたころには、もうジャッキーはカナダに行ってしまっていたよ。つまり、ジャッキーのあとを引き継いで、俺がスタジオで指揮をとるようになってってことだ。
——エンジニアは誰ですか？
シルヴァン・モリスだよ。
——私が個人的に感じていることなんですが、コクソンは1970年代のある時期になると新しい曲のリリースがぐっと減ってしまったように思います。なぜでしょうか？
それはわからないから、その質問には答えられない。きっとその時期だってリリースできる曲はたくさんあったはずなんだけどね、ある時期にはちょっと混乱していたのかもしれないね。
——レコーディングも少なくなったということ？

そうだね、レコーディングもストップしたかもね。それも一理あるかもしれない。ある時期からみんながスタジオ・ワンを去っていってしまったんだ。だって、お金にならなかったから！俺たち10代の若造をコクソンは巧みに利用していたけど、みんなが大人になり、生活に責任が出てきたときには、お金が必要になるから。つまり、コクソンのところにいたらお金を稼げないから、ほかに行かなくてはならなくなったわけだ。
——あれ？ もう成田空港に到着だ。それでは、今回の日本のツアーはどうでした？ 東京のショウでは、感動したお客さんが泣いているのが見えました。
ああ、このツアーはとても素晴らしいものだった。ショウが5回連続だったから今はちょっと疲れもあるけど、そのすべてを楽しんだよ。とても良い経験になったし、また日本に来たいと思っているよ。Thank you!

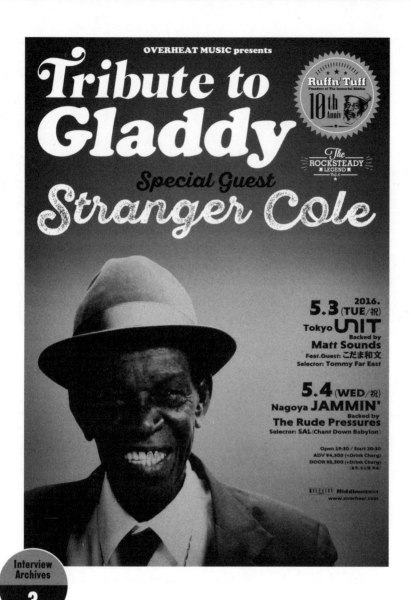

Stranger Cole
ストレンジャー・コール

取材・文・写真：石井"EC"志津男
翻訳：TOMMY FAR EAST
初出：Riddim Online（2016年4月28日）

昨年12月に他界したグラッドストン"グラディ"アンダーソンの追悼コンサート"Tribute to Gladdy"のために、ストレンジャー・コールがキングストンから来日した。グラディと2人で出演したドキュメンタリー映画『ラフン・タフ』の公開から10周年であり、グラディとはたくさんのデュエット曲をレコーディングした盟友でもある。ときに目頭に涙を浮かべながら語る5歳年上のグラディへの深い深い想い。

キャリアのスタートと
グラディとの出会い

——もう50年以上歌っているはずだけど、最初に音楽に興味を持ったきっかけは?

音楽好きのファミリーだったんだ。兄弟のカティンはデューク・リードのサウンドシステムでプレイしていたし、父はギターを弾いていて、ギルボーン・コールという伯父はアーネスト・ラングリンと一緒にレコーディングなどをやっていた。俺は若いころにはロスコ・ゴードン、ファッツ・ドミノなどのアメリカン・ミュージックをたくさん聴いていて、その当時はダンスがすごくうまかったんだ。たぶん今でも踊れるだろうね(笑)。

だからキャリアは小学校のときから始まっているようなもんだ。年末など友達が集まると、そのなかでよく歌っていた。あるとき自分が大好きなアーティストで、1950年代から活躍しているジャッキー・エドワーズの「Tell Me Darling」という曲を歌ったら、みんなが拍手をしてくれて、アイスクリームをもらったんだ(笑)。そんなことがあってデューク・リードと会えることになるんだけど、ファミリーのカティンがデューク・リードと仕事をしていたこともあり、スムーズにオーディションを受けることができた。俺はデューク・リードの前で「In Out The Window」という曲を歌った。彼は「良い曲だ」と言ってくれたが、「この曲はモンティ・モリスかデリック・モーガンに歌ってもらう」と言って最終的にその曲はモンティが歌った。その曲はNo.1になったよ。

ミスター・デュークはそのことを評価してくれて、俺が新たに2曲をレコーディングできることになったんだ。1曲は自分だけで歌った「Ruff And Tuff」、そしてもう1曲はパッツィ(トッド)と歌った「When I Call Your Name」。1962年、どちらもNo.1ヒットになり、それが自分の本当のキャリアのスタートだね。

——グラディとの出会いはいつ、どのようにして?

"グラディ"アンダーソンとは同じトレンチタウンの出身で、レコーディングする前からの知り合いだった。彼はテーラーとして働いていたが、グラディの叔父さんはオーブリー・アダムスというジャマイカのNo.1キーボーディストだったから、彼からピアノの手ほどきを受けていたんだ。のちにグラディがデューク・リードのオーディションを受けに行き、彼に気に入られてトレジャー・アイルのオーディション係をやるようになって音楽の仕事をするようになったんだ。

——ずっと昔の話、30年以上も前の1984年、シュガー・マイノットが来日したとき、バック・バンドの一員としてやって来たグラディを紹介してくれました。「この男はジャマイカのほとんどのアーティストとレコーディングしているけど、チャンスになると外されてきた。前に立つよりはバックで支えることに喜びを見いだす、そんな男なんだ」と言ってね。

そのとおりさ!! グラディはたぶん1960年代の曲の80%をレコーディングしたんじゃないかと俺は思うよ。グラディはどこのスタジオのこ

ともよく知っていたし、ほかのミュージシャンもよく知っていて、本当にたくさんの人と一緒にレコーディングをしていた。スカタライツ、バイロン・リー、アメリカから来たジョニー・ナッシュだってグラディだ。のちにはルーツ・ラディックスなどともレコーディングをしていた。でも、そのほとんどの曲はスタジオでの仕事だったから、彼の功績が知られていないんだ。

2014年、ナンボ・ロビンソンが久しぶりにスライ&ロビーとともに来日した。彼はグラディのアルバム『Caribbean Breeze』(1989年)のレコーディングでトロンボーンを吹いてくれた人物で、そのときの話になった。「グラディのピアノは僕たちの間では"Special Touch"と言われているよ。誰にも真似できない、とてもスペシャルな音色なんだ。彼だけのスタイルがあって、聴いただけでグラディとわかるとてもユニークなメロディを持ったスタイルだよ。大好きなソリストの1人だよ」。

脇にいたスライ・ダンバーも「素晴らしいよ！ 彼はずっとレゲエに貢献してきた先生みたいなもので、もっともっと賞賛されるべき人だよ。長い間音楽を作っている僕たちにとってはアイドルだよ。素晴らしいミュージシャンだ。彼の鍵盤の触れ方はほかの誰にもできない。あのスタイルはグラディ以外見たことがないよ」。そう言って讃えた。

同じような言葉はフレディ・マクレガーからも聞いたし、イギリスのデニス・ボーヴェルは「俺も真似をして弾いた」と言っていた。先日、来日したビティ・マクリーンに至っては、「Tribute To Gladdy」というタイトルでグラディのピアノ・タッチを思わせるピアノ曲まで

グラディはジャマイカから外に出なかったけど
ワールドワイドな人間だったんだ

作ってしまった。
　グラディは、誰からも賞賛されるワン＆オンリーのアーティストだった。

多くのアーティストにカヴァーされた
名曲「Just Live A River」

——あなたはストレンジャー＆グラディとして「Just Like A River」や「Pretty Cottage」など、たくさんのデュエットをレコーディングしているけど、どのようなきっかけで始まったの？

　さっきも話したようにグラディのことは前からよく知っていて、グラディは歌うというよりは、どちらかというとインストゥルメンタルをプレイしていた。だが彼とは本当にいつも一緒にいたから自然と2人で歌っていたものの、レコーディングはしていなかったんだ。グラディは、俺の曲のことならアレンジについてもすべてをわかっていてくれた。俺は初期の段階ではパッツィと多くのレコーディングをした。その後、ケン・ブースやグラディなどとレコーディングをするようになったんだ。

——2人の曲「Just Like A River」は素晴らしい曲です。グレゴリー・アイザックスやザ・マイティ・ダイアモンズも歌っているけど、あれはどうして？　ジャマイカでは外国の曲をカヴァーすることが多いけど、1970年代に同じジャマイカの曲をほかのアーティストがカヴァーするのはそれほど多くないよね？

　さあ？　なぜあの曲をみんながカヴァーしたのか、それはわからないね。あとになってヤミ・ボロもカヴァーしている。単に良い曲だからカヴァーしたいと思ったんだろう。

——ストレンジャー＆グラディとしてライヴをしたことはありますか？

　グラディとはあまりライヴ・ショーをしていないけど、ワールド・シアターというところでグラディと歌った。彼とはいつもスタジオで新しい曲を作っていた。ステージで仕事をするのはパッツィだった。ケン・ブースともショーをやったが、ほとんどはパッツィだった。

——今回、"Tribute to Gladdy"で日本に来た感想を。

　遠い国の日本人がトリビュートをしたいと思ってくれたことが本当に嬉しいし、こうして戻って来れたことも本当に嬉しい。いつも一緒につるんでいて、みんなから「（年上のグラディのほうが背が低いので）小さい兄弟」って呼ばれていたグラディが亡くなってしまったことが、ただただ本当に悲しいね。グラディは亡くなっても、俺は彼と作った曲で自分のやるべきことをこれからも続けていく。なぜなら俺はまだ生かされているから。

——今回、グラディのトリビュートをやるんだったら絶対にストレンジャー・コールに来てもらうしかないと思って声をかけたんだ。

　ジャマイカだけでなく、各国から声をかけられたよ。グラディのトリビュートをするなら「ストレンジャーだ」と世界中からだ。そのことこそ、グラディがワールドワイドな人間だったという証だ。ジャマイカから外に出なかったけど、ワールドワイドな人間だったんだ。グラディは死んでしまったけど、彼の音楽はずっと生きている。今、彼の曲を聴いているみんなが死んだってグラディの曲はこの先300年でも400年でも歌い続けられるよ。

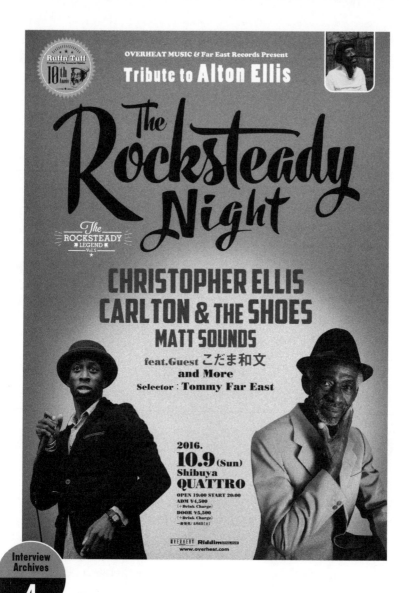

Interview Archives 4

Christopher Ellis / Carlton & The Shoes

クリストファー・エリス
カールトン&ザ・シューズ

取材・文：菅沼緯馳郎、石井"EC"志津男　初出：Riddim Online（2016年10月19日）

今年（2016年）はロックステディが誕生してから50年だという。そして1992年、渋谷クアトロで開催した"The Rocksteady Night"から数えて24年。そのときに初来日したのがカールトン＆ザ・シューズだった。映画『ラフン・タフ』にも出演したアルトン・エリスが2008年に他界して8年、彼の命日に合わせて東京と大阪で行なわれたこのイベントは、両日とも大盛況で大熱唱だった。記念すべき年に初めて顔を合わせた2人のライヴ直前インタヴュー。

ロックステディに
こだわってきた2人

Carlton Manning（以下M） ロックステディが生まれたころ、私はそこにいた。当初はカリプソ、そしてスカが登場して、その後ロックステディになったんだ。私は1968年にスタジオ・ワンに行きはじめたが、それはロックステディ期だった。スカをスローにプレイすることによってロックステディは生まれた。そこにはクリストファーの父、アルトン・エリスやケン・ブース、ボブ・マーリー、マーシャ・グリフィス、ボブ・アンディらがいた。ボブ・マーリーはロックステディというよりはスカだったが、アルトンはスカ、そしてロックステディの時期にそこにいた。

ロックステディは過去、そして現在においてもスタジオ・ワンで生まれたもっとも価値のある音楽だと私は思う。ロックステディは傑出したモノだが、今のジャマイカではロックステディの作品はあまり生まれていないね。だが、数少ないが私のようなアーティストは今でもロックステディだ。私は楽器も弾くからジャズやスカもやる。ジャズはファウンデーションだ。ジャズを演奏するのは好きだ。歌うのもね。ロックステディは今でもジャマイカで生まれたもっとも進化した音楽なんだ。

私が最初に"レゲエ"という言葉を音楽と関連して知ったのは、コクソンがスタジオ・ワンから出したアルバム『Reggae In The Grass』だった。しばらくすると人々がレゲエという言葉を口にするようになった。でも彼らがレゲエと呼んでいる音楽は、私にとってはロックステディだった。音楽は変わっていなかったよ。それはロックステディと同じだった。

Christopher Ellis（以下E） そうさ、1本の木にたとえれば、それぞれの葉がロックステディであり、スカであり、ダンスホール、そしてワン・ドロップなんだ。それらすべての音楽の傘となるのがレゲエなのさ。

M ワン・ドロップはロックステディだ。音楽にはいろいろな要素がある。ファンも同じだ。そして広い。素晴らしいと思う。

E ロックステディが生まれたころには僕はまだ生まれていなかったから、父からいろいろ聞いたよ。スカが出てくるまで、父はソウルやR&Bを歌っていたってね。父のスカの曲はあまり多くない。「Dance Crasher」「Cry Tough」とかだね。

父が言っていたのを覚えている。「ロックステディに変わりはじめて、その音に魅了された」ってね。とてもしっくりきたんだね。「Girl I've Got A Date」「Rock Steady」「I'm Just A Guy」「I'm Still In Love」なんていう曲も誕生したから、素晴らしいことだったと思う。レゲエの進化も素晴らしいと思っているけど、僕はロックステディを愛している。僕はダミアン・マーリーのプロデュースで『Better Than Love』というEPをリリースしてとても成功しているよ。そのすべてはロックステディだと言っていい。

こうして日本に来ることができたのも、そのおかげなんだ。ロックステディはとても重要で、

私はロックステディをずっと愛している
なぜなら音楽を感じるからだよ　——カールトン・マニング

ファウンデーションであり、それは今でも強力だ。今でこそロックステディはあまり誕生していないが、名曲は永遠に聴かれ続けるんだ。
M　私はロックステディを作るのをやめたことはない。一度もだ。今、自分がアルバムを作るとしたら、スカが2曲、R&Bが1曲、そのほかはすべてがロックステディになる。私はロックステディをずっと愛している。なぜなら音楽を感じるからだよ。

自分が書いた歌は、誰も私が感じるように感情を入れて歌うことはできない。同じようにあなたの曲を私が歌ってもあなたが歌うようには歌えない。それは自分の一部だから。オリジナルを超えることができるアーティストは数少ないのさ。

あの時期に活躍した
レジェンドに会うと父を感じる

——今回の"The Rocksteady Night"はMr. RocksteadyことアルトンエリスリスもMr. 追悼コンサートでもあり、ファンはアルトン・エリスの息子であるクリストファー・エリスが父の楽曲を歌うのを楽しみにしています。

E　僕の父がアルトン・エリスだという事実はいつまでも変わらない。僕はその事実を愛しているんだ。もちろん自分はソロ・アーティストとして自分のオリジナルの曲を歌う。この6年間マーリー一家のレーベルとサインをして、世界をツアーしているよ。だけど、世界中どこに行こうが父アルトンの曲を自分のセットリストのなかに入れている。たとえ自分に20のヒット曲があったとしても、自分がコンサートをするときには父、アルトン・エリスの曲を歌い続けるよ。

それは今始まったわけではなく、11歳のころから父とともに世界中をツアーして、デンマークにもスウェーデンにも行ったし、17、18歳になったときはフランスにも行った。父と同じステージに立って父が5曲歌ったら、自分が2曲歌うというように、そのままステージに残ってお互いが歌うようにしていたんだ。ずっと彼から学んできて、今こうやって父を追悼するコンサートのために自分は来日している。最高の夜になるはずだよ。

ケン・ブースなど、あの時期に活躍したアーティストたちに会うと、僕は父の存在を感じるんだ。僕はカールトンと会ったのは、今回が初めてだけど、同じように父の存在を感じたんだ。音楽だけではなく、その時期のアーティストたちや音楽そのものの成り立ちにもだ。彼らは当時自分たちがやっていることは特別なこととは知らずに歌っていただけかもしれない。50年、100年経ってどうなっているかなんて誰にもわからないからね。僕はレジェンドなアーティストたちに会い、彼らのことを知るたびに、彼らの子孫であることを誇らしいことだと思う。父の肉体はもうここにないかもしれない。でも僕は彼の魂を感じるんだ。

M　私も感じるよ。

——カールトンはアルトン・エリスとのレコーディングに携わったことがあると聞いたのですが？

M　そうだ、幸運なことに何曲かのアルトンの曲に参加している。当時のスタジオ・ワンではリロイ・シブルスがベーシストもやっていたが、リロイとコクソンがひと揉めあったりして、朝来ても午後はスタジオにいないなんてこともあっ

父がアルトン・エリスだという事実はいつまでも変わらない
僕はその事実を愛しているんだ
——クリストファー・エリス

た。そんなとき、アルトン・エリスが「Sunday Coming」をレコーディングしに現われたんだ。私とほかのミュージシャン数人がスタジオにいて、ベースが何人かの手に渡ったが、なかなか良いベース・ラインが出てこなかった。私はロビー・リンのピアノの近くにいて、彼が私にベースにトライすることを勧めたんだよ。私はベースを弾いた。次第にいい感じになってあの曲になったんだ。実はスタジオ・ワンで私が初めて弾いたベースがあの曲だ。私自身もその同じリディムで「Christmas Is Coming」を歌っているんだ。

それぞれに聞く
フェイバリット・ナンバー

——クリストファーに聞きますが、父、アルトン・エリスが残した楽曲のなかでもっとも好きな曲は何ですか？

E とても難しいけど、選ぶとしたら「Breaking Up」かな。そういえば「Lord Deliver Us」について父が語ってくれたことがあるよ。住んでいたトレンチタウンの近所にジャマイカで最初にアフリカに行ったという友人がいて、その曲の歌詞は彼が"Let the naked be clothed、Let the hungry be fed"と叫んでいたのを書き留めてできたってね。スタジオに入って"Let the naked be clothed, And the aged be protected..."って歌って録音したそうだ。

デニス・ブラウンの「If I Follow My Heart」も、父が書いた曲だと聞いた。父は一度歌ってみたが、彼が歌ったほうがより良いと思ってデニス・ブラウンにその曲を譲ったってね。「あんな良い曲をあげるなんて」と父に言ったら、「デニス・ブラウンなら歌えるからね」って教えてくれた。いろいろな楽曲についてそうやって話を聞いたよ。

M そうだ、あの曲をデニスが歌ったのは最高だった。

E 自分にとってはやはり「Breaking Up」だね。子供のころからステージでずっと「Breaking Up」と「I'm Still In Love」を歌ってきた。「Breaking Up」の最初の歌い出し"When you turned and you walked..."が好きなんだ。そしてそのリディムは、ベース・ラインもホーンもレゲエのなかでもっとも使われているものの1つなんだ。

——では今度はカールトンに聞きます。自分が歌ってきた楽曲のなかで一番好きな曲を教えてもらえますか？

M 「Love Me Forever」を挙げないわけにはいかないな。もっとも大きくなった楽曲だからね。世界中どこに行っても、カールトンというと「Love Me Forever」が知られていて、自分にとってのシグネチャーだ。40年経ってもずっとプレイされ続けているんだ。ラジオ局で1日たりともプレイされなかった日はないはずだ。ジャマイカのIRIE FMだったら毎週日曜日の夕方ボブ・クラークがかけているよ。フランス、ドイツやイタリアのサウンドにもダブ（スペシャル）を録ったよ。ほかにも「Me And You」「Love To Share」とかね……。

ロックステディの多くは愛についての曲なんだ。この世でもっとも重要なものこそ愛なんだ。だからラヴ・ソングは永遠だ。愛することができなければ、生きることはできない。生きていれば誰かを愛するのさ。

BB Seaton
BBシートン

取材・文:石井"EC"志津男
写真:Nick Caro
初出:Riddim Online(2017年1月20日)

BBシートンの歴史は、ある意味ジャマイカの音楽史である。60年を超える長いジャマイカン・ミュージック史で燻し銀のごとく輝く「Over The Rainbow's End」「ABC Rocksteady」「Hard To Confess」「My Jamaican Girl」など、ヒット曲にして数々の名曲を持つザ・ゲイラッズ。そのほとんどの曲を作曲しているのがBB シートンだ。ソロとしてのヒットも多く、自らレーベルを主宰するジャマイカ音楽界のキーマンの1人である。あまり知られていないが、ケン・ブースやメロディアンズ、デルロイ・ウィルソンにまでヒット曲を書いていた才能の持ち主。現在はロンドン在住のBBにインタヴュー！

ザ・ゲイラッズ結成と
スタジオ・ワンでの役割

——もうすぐ来日だね。BBと呼ばれるようになったのは？

母が自分のことを"Bibby"と呼んでいたんだ。それに自分が B.B.キングが好きだったからさ。

——歌いはじめたのはいつから？

BB：1960年ごろだった。1944年生まれで16歳のころからずっとやっていて、今72歳だ（笑）。とにかく歌うのが好きでザ・ゲイラッズの前にビビィ＆ジ・アストロノウツとしても活動していたし、ケン・ブース、バスティ・ブラウン、ロイド・チャーマーズたちとザ・メッセンジャーズというグループをやっていたこともある。

——最初にリリースした曲やレーベルは？　またザ・ゲイラッズとしての活動はいつから？

ザ・ゲイラッズの前は1960年にハリス・シートンとして「Tell Me」、次に「Only You」という曲をRoland & Powieからリリースしたのが最初。その後、デラーノ・スチュワートと2人でウィンストン＆ビビィというデュオを組んで、自分たちで作曲したスカなどをやっていたよ。1964年にはモーリス・ロバーツが加入してザ・ゲイラッズができたんだ。グループ最初の楽曲は「Brown Skin Gal」だ。ジャマイカの伝統的な曲を歌っていた。ザ・ゲイラッズは自分たちで作曲して演奏できるグループだとコクソンが気づいてくれて、それからスタジオ・ワンで録音しはじめたんだ。

——スタジオ・ワンではレコーディング以外に何かをしていましたか？

A&Rマンとしてアーティストのオーディションをしたり、グループとしてはバッキング・ヴォーカルでケン・パーカー、デルロイ・ウィルソン、ケン・ブースたちはもちろんのこと、たくさんの曲に参加していた。最初にジャッキー・ミットゥをスタジオ・ワンに連れて行ったのは私なんだ。ジャッキー・ミットゥと一緒にコクソンのいわゆる右腕だったと言ってもいいと思う。私があの素晴らしいザ・ヘプトーンズや、今はウィ・ザ・ピープル・バンドをやっているロイド・パークスのザ・ターマイツもオーディションしたんだ。だから週4〜5日はスタジオ・ワンにいたね。

——たくさん作曲しているけど、どうやって作曲するんですか？　ギターですか？

ギターも練習して弾くようになったけど、ザ・ゲイラッズはバンドだったから、「Love Me With All Your Heart」などの楽曲は、ゲイラッズ・バンドで作曲したんだ。多くのスタジオ・ワンのアーティストのバックアップもしていた。スリム・スミスの「Born To Love」、ザ・ヘプトーンズの「Gunmen Coming To Town」などの曲もゲイラッズ・バンドの演奏によるものなんだ。音楽理論を勉強したから楽譜を読めるし書けるし、いくつかの楽器も演奏するよ。マット・サ

レゲエほど認知されてはいないけど
ロックステディのビートがカムバックしてきている

ウンズとレゲエを演奏するのが楽しみだよ。

シンガーのみならず作曲家として
多くのアーティストに曲を提供

── スタジオ・ワンからのアルバム『Soul Beat』とトロージャンから出ていたCD『Best Of The Gaylads』、あとシングルの何枚かは愛聴しているよ。

その『Soul Beat』というアルバムはゲイラッズ・バンドが演奏している。「Picular Man」とか、そのアルバムのほとんどの曲がそうだ。

── なるほど、それでわかった！ ソウル・ヴェンダーズっぽくないなとずっと思っていたんだ。自身のレーベルのソウル・ビートはどうして始めたの？

この業界にいて、ずっと他人のためだけに歌い続けたいとは思わないよね。それで曲名からとってルーツ・インターナショナル／ソウル・ビートという自分のカンパニーを始めた。多くの曲を作曲してきたから音楽出版社としても登録している。たくさんのアーティストに曲を提供してきたからね。

── レーベルを始めたのはスタジオ・ワンのあとかい？

そう、スタジオ・ワンのあとに「Joy In The Morning」「She Want It」とか何曲かをWest Indies Records Limited (WIRL)でレコーディングして、その後ソニア・ポッテンジャーのレーベルで「(It's) Hard To Confess」「I Need Your Loving」「Over The Rainbow's End」「ABC Rocksteady」だね。それからレスリー・コングのビヴァリーズに移って、「There's A Fire」「My Jamaican Girl」などのヒット曲、また3枚目のアルバム『Fire And Rain』を作った。「My Jamaican Girl」も自分のバンドであるコンシャス・マインズで録音したんだ。メンバーはケン・ブースがオルガン、ジョー・ホワイトがピアノ、私がギター、モーリス・ロバーツがベース、デリック・スチュワートがドラム、デリック・ハインズがトロンボーン。それが私のバンドだ。

── そういえばケン・ブースの曲も書いていたよね。

彼の「Freedom Street」は知っているかい？ 私は26曲ほど彼の曲を作曲している。最初の曲は「The Girl I Left Behind」、そして「Freedom Street」「Say You」、彼のビヴァリーズからのアルバムの5曲ほどがそうだ。彼の声が好きなんだ。ケン・ブースは私にとって今でもとてもいい友達で、ジャマイカにいるときは連絡を取り合うんだ。あとデルロイ・ウィルソン、マーシャ・グリフィス、ジミー・ロンドン、それに ザ・メロディアンズの楽曲「Swing And Dine」「Personally Speaking」も私の曲なんだよ。いろいろなアーティストにたくさんのヒット曲を書いてもう56年間もこのミュージック・ビジネス界にいるよ。

ジャマイカ史上初の
アーティスト主導レーベル

── あなたが昔やっていたリンクス（Links）というレーベルについては？

1969年に始めた、ジャマイカ音楽史上初のアーティストたちが自分たちのレコーディングした曲を所有するレーベルなんだ。リンクスにはケン・ブース、デルロイ・ウィルソン、

ザ・メロディアンズ、ザ・ゲイラッズらがいた。ザ・メロディアンズの「It Comes And Goes」や「Sweet Rose」をレコーディングして、チャート・インもしたよ。デルロイ・ウィルソンに提供した「Give Love A Try」や「I'll Never Hurt You」もそのレーベルからリリースした。ケン・ブースの「Can't You See」などのクラシックも生まれたよ。ザ・ゲイラッズとしては「Looking For A Girl」と「Aren't You The Guy」という曲がある。プロデューサーたちからの強いプレッシャーがあって長くは続かなかったが、いい努力だったと今でも思っているよ。

── 僕はザ・メロディアンズの3人とブレンダウ単独で、それぞれ1回ずつ来日させたことがあったんだけど、とてもいいショウだったよ。じつはザ・メロディアンズとはレコーディングも2曲したんだ。

ブレンはいい奴だった。彼がレコーディングした「Rivers Of Sin」という未発表曲がある。

── 50年以上を経た今現在でも世界中でロックステディが聴かれ続けているのはどうしてだと思う？

それはビートだと思うよ。多くのアメリカの楽曲をあのビートで演奏した。1960年代中ごろにスカが遅くなってあのリズムになった。ジャマイカは暑いし、スカは我々にとって少し速すぎたんだ。レゲエほど認知されてはいないけど、そのビートは間違いなく今カムバックしてきている。去年ジャマイカで自分も参加した"Ska & Rocksteady Music Festival"（2016年11月に1回目を開催）などもそうだ。

── またすぐジャマイカに行ってスライ＆ロビーたちとレコーディングすると聞いたけど？

去年から彼らとアルバムをレコーディングしている。ザ・ゲイラッズではなく、BBシートンとしてアルバムを作っているんだ。日本に行くのをとても楽しみにしているよ。日本は大好きだ。日本人はとても優しいし尊敬している。ところで送ったセットリストはもう見てくれたかい？「Thin Line Between Love And Hate」とか、どう思うかな？

── ええっ、セットリストはまだ受け取っていないな。

そうか、もう一度送っておくよ。

Keith & Tex
キース&テックス

取材・文：石井"EC"志津男、菅沼緯馳郎
初出：Riddim Online（2017年10月25日）

「Stop That Train」や「Tonight」といったクラシックを持ち、来日が決定しているキース&テックス。10月後半からはヨーロッパ10都市へのツアー、そしてアルバムも制作中の多忙なロックステディ・デュオの近況をキースに聞いた。

デビューのきっかけをつかんだ
デリック・ハリオットとの出会い

——キース&テックスの成り立ちなどを教えてください。

　1966年に始めて、最初は5人のグループだったんだ。友だちが集まってザ・テンプテーションズやフォー・トップスのカヴァー曲を歌っていて、そのころは名前すらなかった。ただ俺たちの歌を聴いた人たちがとても良いからレコーディングすべきだって言ってくれて、オーディションに行くようになった。プリンス・バスター、デューク・リードなど、いくつかのオーディションに行ったけど、すべて断られてしまった。オーディションになると緊張する奴もいて、うまくいかなかったね。やがてグループから3人が脱落してテックスと自分の2人になってしまったんだ。だが、俺たちは続行することを決意してキングストンのダウンタウンまで何人かのプロデューサーを訪ねて行った。でも、あいにく誰もいなかったんだ。最終的にデリック・ハリオットのお店に行ったが、彼もいなかった。そこで待っていれば必ずいつか帰って来ると思って店にいたら、店員の女性が自分たちの曲が入ったカセット・テープを聴いてくれることになった。彼女はその歌を聴いてからデリックに電話をして、「お店で待っている2人の曲がいい感じだ」と伝えてくれたんだ。だから彼を1日中ずっと待ったよ。デリック・ハリオットはようやく夕方になってやってきた。そして我々の曲を聴いて「とてもいい」と言って、幸運なことに「2日後にスタジオに入ることになっているから来たらどうだ」と言ってくれたんだ。そうやってキース&テックスが始まった。その最初のレコーディングが「Tonight」だった。

——いまやグループを代表する曲ですね。

　そうだ。比較的新しい曲だったけど、レコーディングする前からの曲で、当時の自分の彼女について歌っているんだ。

——テックスとは以前から知り合いだったのですか？

　近所に空き地が2、3あって、時間さえあればそこで一緒にサッカーをやる仲間だった。

——どちらが年上でグループのリーダー的存在なのですか？

　テックスが年上だけど、どちらもリーダーだ。俺が16歳からの友だちだからね。

——いつから歌っていますか？

　自分の父親は説教師だったから、その教会で歌っていたし、高校のときは聖歌隊のメンバーだったよ。

——グラディ・アンダーソンがトレジャー・アイルであなたたちをオーディションしたと聞きました。

　そうなんだ。グラディがオーディションを担当していた。俺たちの歌を聴いて「なかなかいい感じだけど、まだ十分ではない」と言って断られた。それはまだ5人組でやっていたころの話だ。でも、デリック・ハリオットがプロデュースした曲のほぼすべてのピアノはグラディが弾いているんだよ。彼はオーディションで我々を断ったけど、結局は俺たちの曲を演奏したんだ。だからそのことをよく冗談で言い合ったよ。

——先日、"Gladdy Unlimited"というグラディをリスペクトするイベントが渋谷のクラブクアトロで行なわれました。

知っているよ。素晴らしいイベントだと思う。Facebookに上がっていた映像を見たけど、とてもいい感じだった。グラディは本当に多くのヒット・ソングを演奏していて、最高のミュージシャンだった。

──「Stop That Train」はキース&テックスの最大のヒット曲だと思いますが、この曲について教えていただけますか？

「Stop That Train」のオリジナルはザ・スパニッシュトニアンズというグループのスカの曲なんだ。我々はその曲がとても好きで、そのグループに許諾をもらって歌っているんだ。我々が歌いはじめたころに、音楽が少しスローになってきてロックステディが始まった。

──この曲はジミー・クリフの映画『ハーダー・ゼイ・カム』のサントラに収録されているけど、そこではスコッティが歌う曲としてクレジットされています。

収録されているタイトルが「Draw Your Brakes」で、「Stop That Train」のインストゥルメンタルが使用されている。デリック・ハリオットのプロデュースで、同じ楽曲、まったく同じミュージシャンだ。スコッティがあの楽曲をレコーディングしているときに俺たちもスタジオにいていい感じだったから、一緒にやったんだ。あのときは映画のために録音したわけじゃなかったけど、最終的に収録された。スコッティはもともと「Penny For Your Sound」という曲で有名なザ・フェデラルズというグループのシンガーだった。

解散と再結成
現在の活動について

──キース&テックスを再結成したのは？

俺が1970年に家族とニューヨークに移り住むことになってグループは別れたんだ。翌年の1971年にはテックスもカナダに移住したからね。俺はアメリカの軍隊に入って韓国やベトナム、ヨーロッパなど海外勤務で20年間を過ごし、テックスはカナダで政府の職員として働いていた。そんなときニューヨークのテックスの友人と会うことがあり、その彼が俺の番号を

レゲエのすべてはロックステディから生まれた
ロックステディが母、レゲエは息子だ

テックスに伝えてくれて電話がきたんだ。電話でお互い盛り上がって、1997年ごろに一緒にアルバム『Back Together Again』をレコーディングした。その後も何度かレコーディングしたりショウをやったりという期間が長く続いて、2012年になってカリフォルニアのショウで一緒に歌ったときに、そのショウがとくに良くてフルタイムでまたやろうと2人で決めたんだ。俺もテックスもリタイアしていたから、もう自由に音楽ができるぞってね。だから正式な再結成としては2012年から始まって、ヨーロッパの各国やオーストラリア、日本、世界中を訪れることができたし、今回また日本に行く。我々はとても幸せだ。

――アメリカ軍としてベトナムや韓国に行ったそうですが、その経験は?

本当に人生観が変わる経験だった。戦争へ行ったことがあれば俺の言うことがわかるはずだ。戦争は人間そのものを変えてしまうんだ。戦争で経験することは、我々の日常生活とはまったく異なるものだ。戦争に行ったことがある人は誰も戦争に行きたがらない。戦争は破壊的だ。そして関わったすべての人のその後の人生にずっと影響を与え続けるんだよ。

――軍隊での経験は音楽活動に影響を与えていますか?

音楽は人生を映す。戦時に励みになる音楽や平和についての曲、そして戦争についての歌もある。音楽はアートという芸術形態でその人の人生そのものを映し出す。音楽はずっと我々の一部であり日々の生活を語る。楽しいときには楽しい曲があり、悲しいときには悲しい曲がある。だから自分にとって音楽は人生すべてを表わしている。いい部分も悪い部分もすべてだ。

――新しいアルバムを作っていると聞きました。

今年(2017年)の3月に『Same Old Story』というアルバムをリリースした。すべてロックステディだ。自分たちのルーツに戻ったすごくいいアルバムだと誇りに思っている。人生について歌っている曲やシリアの難民についての楽曲もあるんだ。スペインのプロデューサー、ロベルト・サンチェスの制作で、彼はロックステディの音を再現することで知られている。我々が曲を書いて彼が音楽を作ってリキデイター・ミュージックというレーベルから出た。

じつは先週新しいアルバムのレコーディングを終えたばかりで、これからミックスやマスタリングをして来年初めごろのリリースになると思う。フランスの腕のいいドラマーがプロデューサーで、彼のバンドが音楽を担当して我々がリリックを書いた。これはレゲエなんだ。我々は今、よく働いているよ。

日本人がレゲエ・ミュージックを好きでいてくれてすごく感謝している。この音楽を愛してくれてありがとう! そして、ストレンジャー・コール、カールトン&ザ・シューズ、リロイ・シブルス、グラディなど、ロックステディのアーティストを来日させたりいろいろと尽力している石井とオーバーヒートミュージックをビガップしている。

レゲエのすべてはロックステディから生まれた。ロックステディが母、レゲエは息子だ。俺たちはロックステディの時代に育ち、これこそが自分たちの音楽だから、これからもロックステディを歌う。それがキース&テックスの音楽だ。

Lynn Taitt
リン・テイト

取材・文・写真:石井"EC"志津男
翻訳:高橋瑞穂
初出:『ラフン・タフ ジャマイカン・ミュージックの創造者たち』(2006年／小社刊)

Interview Archives　Lynn Taitt

スカやロックステディの誕生について、当時のミュージシャンの証言を集めた映画『ラフン・タフ』(2006年／監督：石井志津男)。その書籍版に掲載されたリン・テイトのインタヴューを再掲載する。トリニダード・トバゴに生まれ、ちょうどロックステディの時期にジャマイカでミュージシャンとして活動、1968年に移住し、2010年に息を引きとるまでカナダで暮らした彼が語るリアル・ストーリー。

スティール・パン奏者から
ギタリストへの転身

　私の父親がギター職人だって？　それは間違いだ。船の甲板で錨を修理する仕事をしていたからね。トリニダードに住んでいたころは、私はスティール・ドラムの楽団でスティール・パンを叩いていた。最初はギターじゃなかったんだよ。なぜパン奏者を辞めてギターを弾くようになったのかって？　いい質問だ。私は当時、ソロのパン奏者としてNo.1だった。トリニダードでは私の右に出るものはいなかったよ。でも、極めるところまで行ってしまうと、その先がない。だからギターを始めた。ギターを練習したら弾けるようになったから、それが最終的に仕事になったというわけだ。ジャマイカに行く前にダッチ・ブラザーズというトリニダードのグループで、2曲レコーディングしたな。

　ジャマイカに移住したのは、当時私がいたバンドに2つの仕事が来たことがきっかけなんだ。1つが南米、もう1つがジャマイカに行く仕事。日程が重なっていたので、グループを2つに分けて、私のほうはジャマイカへ行くことになった。で、そのまま居ついてしまったのさ。トリニダードのバンド・マネージャーがギャラを全部持ち逃げしてしまい、"お金をくれるまでトリニダードには帰らない"と言い張ったのが居ついてしまった理由だよ (笑)。

　そうこうしているうちにバイロン・リーがやってきて、私をシークスへ、ドラマーをモンテゴ・ベイのスティル・ウェルへ、ベーシストをヴァガボンドへという具合に、当時ジャマイカにあったクラブにバラバラに突っ込んでくれた。おかげで私はキングストンのシークスで演奏することになった。それが1962年、いや、ジャマイカ独立の翌年だったから63年のことだな。そのころのジャマイカの音楽はスカだ。

　最初のレコーディング・セッションは、えーっと……ババ・ブルックス&ヒズ・バンドの「Shank I Sheck」(1965年) かな。私がトランペットのババ・ブルックスとやったナンバーだよ。ヒットしたという意味ではその曲が最初なんだ。もちろんその前にもレコーディングはしている。スカタライツに参加したりとかね。でもメインじゃなかった。

　スタジオではグラディ・アンダーソンとよく一緒にいたよ。私のトリニダード・アクセントの英語や話し方は、ジャマイカの人たちにとってはものすごくキュートだったらしく、うまく通じなくてね。グラディはいつも私の代わりにみんなに話をしてくれた。私がグラディに言ったことを、彼がバンドのメンバーに話してくれたり、一緒にシンガーのバックをやったりもしたりして、グラディとはとても親しくなっていった。彼とはデューク・リードのセッションで出会ったんだ。そういえば、私を初めてデュークのセッションに連れて行ってくれたのはスカタライツのロイド・ニブ (d) だったね。

アレンジ上のアイディアだった
ロックステディ誕生の瞬間

　最初のロックステディ・ナンバーはどれかっ

て？　たくさんの人がその質問をするが……ホープトン・ルイスの「Take It Easy」だ。スタジオはフェデラルだった。当時のレコーディングはこんな感じだ。まず、フェデラルのオーナー（ケン・クォーリ）がシンガーをスタジオに連れてきて歌わせる。オーディションに合格したシンガーはミュージシャンの前で歌ってみせて、グラディや私はそれを聴いて曲を組み立てていくんだ。

　そんなある日、スタジオにホープトンがやってきた。「Take It Easy」はスカ・ナンバーになるはずだったんだが、歌詞がうまくハマらない。歌詞の"テキッ、イージー"の響きが、スカのテンポだと良くないんだよ。だから、グラディに「テンポを落とせ」と言ったんだ。それだけさ。新しい音楽ができるなんて思いもしなかった。ただスロー・ダウンしただけだからね。それをもとにしてベース・ラインを私が作った。あのころ、エレクトリック・ベースはまだ出始めで、キングストンのミュージシャン仲間で持っているのは私ぐらいだったからね。私のあとにロイド・スペンスたちが持つようになったのさ。そのフェデラルでのセッションにいたのは……ジョー・アイザックスがドラム。私がギター。グラディがピアノだったかな。「Take It Easy」のセッションは5人で、リズム・セクションだけだった。ベースを実際に弾いたのはブライアン・アトキンソンだ。

　私のギターが独特だとみんなが言うけど、単純にトリニダードのアクセントがあるからだと思う。トリニダード人の血がそうさせるんだ。トリニダードのギタリストはビブラートやダブル・ノートを多用する。それを私もやっている

だけだよ。先祖から引き継いだもので、意識してやっているわけじゃない。トリニダード人だからそうなってしまうんだ。わざとじゃないよ。

　ちなみに、最初に始めたコメッツというバンド（1964年に結成されたリン・テイト＆ザ・コメッツ）は私のものではない。ほかにオーナーがいて、楽器を与えられていて、私たちはその人のためにプレイしていた。一方、ジェッツは私のバンドで私が始めたものだ。そこが大きな違いだね。ジェッツは私が作ったバンドだし、レコーディングの費用もなけなしのお金を自分で出していたからね。

思い出深かった
ミュージシャン仲間たち

　ジャマイカのプロデューサーでもっとも印象深い人はデューク・リードだね。私の印象では、彼はミュージシャンをとても良く扱ってくれたプロデューサーだ。ギャラの払いも良かったし、毎週日曜日にセッションがあったしね。当時は日曜日ごとにレコーディングがあったんだよ。それに、彼はミュージシャンに干渉しない。私たちが試したいことをやらせてくれるんだ。彼はたいていセッションを聴いて、「いいね、OKだ。次の曲をやろう」と言う。ダメなときだけ口を出す。曲を変えろとか、別のにしろとか、ベース・ラインを変えてみろとかね。

　ミュージシャンならグラディ・アンダーソン。彼は大事な仲間だった。それに、グラディはとっても素晴らしいピアニストだよ。彼がやったロックステディの曲を注意して聴いてごらん。表面に出てこない音に耳を傾けてみてほしい。ほとんどの人は気がつかないけど、彼は自

新しい音楽ができるなんて思いもしなかった
ただスロー・ダウンしただけだからね

分でいろんなフレーズをアレンジして入れているんだ。隙間に細かいフレーズが入っている。そのおかげで曲が一段と良くなるんだよ。グラディはシンガーの何を聴くべきかがわかっていた。シンガーが何を歌おうとしているかをつかむセンスがある、とってもいいピアニストだった。みんな知らないかもしれないから教えてあげるけど、ほかの西インド諸島の音楽と同様に、このスカ、ロックステディ、レゲエという音楽もすべて貧しい階級の人たちが生み出した音楽だ。金持ち連中が始めた音楽じゃない。いつだって音楽が生まれるのはゲットーの貧しい人たちがいるところからだった。グラディはいつもそこにいた人なんだよ。

スカタライツ？ 彼らは素晴らしいミュージシャンだ。もしジャマイカに来て、スカタライツを追求しなかったら、ジャマイカに来た意味がないってぐらいだったからね。シンガーは昔のことだから名前が思い出せないな。「On The Beach」を歌った奴の名前はなんだっけな……ジョン・ホルトだ！ あの当時のシンガーでは良かったね。トップ・シンガーだった。デズモンド・デッカーも好きだったね。

突然のカナダ移住
その理由と晩年の音楽事情

ジャマイカを出たのは、遂行するべき契約がジャマイカの外であったからだ。トロントに初のウェスト・インディアン系のクラブ、WIF（West Indian Federality）ができたとき、そこのバンドのアレンジをする仕事が入った。当初はたった2週間の滞在予定だったんだが、その仕事が終わったあとも、いたいだけ滞在延長を繰り返していたら、こうなったんだ。ジャマイカを出たのは1968年だ。

今はほとんど演奏はやらない。アレンジはするが、プライベートでも演奏しないし、音楽を聴くこともない。音楽がいつも頭のなかで鳴っているんだ。ココ（頭を指さしながら）にラジオがあるから、外のラジオから鳴っている音楽を同時には聴けないんだよ。音楽は常に頭のなかにあって、いつだって外に出せる状態だ。もし、あなたが歌を歌ったら、それに合う音楽がすぐ作れるよ。そういうふうに頭が動いている。たまに音楽を聴くとすればクラシックとカントリー＆ウェスタンくらいだね。小さいころ、トリニダードにあったのはアメリカのラジオ局1つだけで、いつもそればかり聴いていたから。レゲエとカントリー＆ウェスタンに関連性はないけれど、ロックステディにはたしかにあるだろうね。

私にとってのロックステディとはレゲエやジャズと同じように音楽の1つだよ。ロックステディはスカのゆっくりヴァージョンで、スカがスロー・ダウンしただけのもの。レゲエとは違うものだ。多くのミュージシャンが気づいていないが、レゲエとロックステディには大きな違いがある。音符にしてみればわかるよ。ロックステディはコモンタイム（4拍子）、レゲエはカットタイム（2分の2、2分の4拍子）で、フレージングがまったく違うんだ。

なぜ世界中の人がジャマイカの音楽を聴き続けるか？ その理由を言うのはとっても難しい。良い音楽だし、アップビートの音楽だし、うーん……音楽だから聴き続ける、としか言いようがないな。

Interview Archives 8

Alton Ellis

アルトン・エリス

取材・文・写真：石井"EC"志津男
翻訳：高橋瑞穂
初出：『ラフン・タフ ジャマイカン・ミュージックの創造者たち』（2006年／小社刊）

書籍版『ラフン・タフ』より、もう1つの貴重なインタヴューを掲載しよう。ミスター・ソウル・オブ・ジャマイカことアルトン・エリスが、そのキャリアをスタートさせた1950年代のジャマイカの音楽事情や、ロックステディの誕生とその隆盛について自らの視点で語ったもので、取材は彼が亡くなる3年前の2005年に行なわれた。なお再掲載にあたり、若干の再編集を行なっている。

最初に"夜明け前"の話をしよう。すべてはヴェレ・ジョンズ・オポチュニティ・アワーから始まった。1950年代のことさ。

当時、ヴェレ・ジョンズ・オポチュニティ・アワーはジャマイカの3つの大きな劇場で毎週開催されていた。トレンチタウンのアンバサダー・シアター、イースト・ウィンウォード・ロードのパレス・シアター。それから、スパニッシュ・タウン・ロードのマジェスティック・シアター。優勝者の賞金が2ポンド、準優勝が1ポンドだったね。もちろん、すべてレコーディングの時代がやってくる前の話だ。

アルトン&エディとして1950年代にデビュー

じつは私は初めダンサーとしてコンテストに挑戦していて、数年後に歌うほうに切り替えたんだ。ダンサーとしてはともかく、歌手としては悪くなかったのだろうね。2等賞を何度かもらったから。そんなことをしているうちに、トレンチタウンに住んでいた友人のエディ・パーキンスに一緒にやろうと誘われた。アルトン&エディの誕生だ。私は無職だったが、エディは高校に通っていたので、2人揃っての練習はいつも夜だった。アメリカの曲をカヴァーしていたね。当時はマーヴィン&ジョニーとか、デュエットのアーティストが多かったから、私たちはそのスタイルを借用したわけだよ。

ヴェレ・ジョンズのタレント・ショウからジャマイカ人アーティストが少しずつ誕生していった。そのころにヒッグス&ウィルソンはすでにいたね。シアガのところで最初のレコーディングをしたのが彼らだ。曲はもちろん「Manny, Oh」。それからブルース・バスターズやスカリー&バニーが出てきたんだ。彼らが一番古いアーティスト群になるだろうね。その次が私たちかな。私とエディが練習をしはじめたころ、ジャマイカでもようやくレコーディングが始まった。シアガはもちろんのこと、スカリー&バニーもたしかエドワーズというレーベルにレコーディングをしていたはずだ。スタジオはラジオ局のスタジオ。あのころは今みたいなレコーディング専門のスタジオはほとんどなかったから。1つか2つ、本当に小さなスタジオはあったけどね。

アルトン&エディを結成したあと、コクソンがサウンドシステム用にスペシャルやダブを作るためのレコーディングを始めたんだ。当時、コクソンのサウンドシステムではアメリカから買い付けたレコードをかけていた。ルイ・ジョーダンとか、エイモス・ミルバーンとか。ところが、ほかのシステムも同じようにアメリカにレコードを買い付けに行くようになったから、コクソンは自分でレコードを作ることにした。自分のところにしかないレコードが必要だったからね。私たちは彼のところへ行ってみた。というよりも、自分たちから出向いて、曲があるからレコーディングさせてほしいと頼んだんだ。

練習を積んだ私たちアルトン&エディは「Muriel」という曲を歌った。コクソンは歌を聴いたあと、「数日後にスタジオで会おう」と言ってすぐに行ってしまった。4日後に恐る恐

るスタジオへ行くと、スカタライツのメンバーが待っていたよ。あのときはスカタライツという名前はまだついてなかったが、だいたいあのメンバーだったと思う。覚えているかぎりでは、その夜のセッションに参加したミュージシャンは、ロイド・ニブ、ロイド・ブリヴェット、ローランド・アルフォンソ、ジョニー・ムーア。ほかのミュージシャンはハッキリ覚えてないが、この4人は間違いなくいたはずだ。その夜は私たちの「Muriel」のほかに、たしか「Easy Snappin'」も録音されていた。もう1曲、インスト・ナンバーでヒットした曲も同じ日のレコーディングだったが曲名が思い出せない。でも、「Muriel」と「Easy Snappin'」が1957年に録音されたのは間違いないよ。その年の初め、1月から3月の間のことだ。

「Muriel」はジャマイカで作られたR&Bのレコードのなかで最大のヒット曲だ。この曲はスカでもなく、レゲエでもなく、アメリカのR&Bナンバー。4ビートが延々と続く、まっとうなR&Bだよ。何週間も1位になった。『Oldies But Goodies』というスタジオ・ワンからのアルバムを確認してほしい。ヒッグス&ウィルソン、ブルース・ブラスターズ、セオフィラス"イージー・スナッピン"ベックフォード、ジャッキー・オペル、ウェイラーズの曲が入っているが、1曲目はアルトン&エディの「Muriel」だ。それがコクソンの最初のヒットだから、当然の曲順だろう。

コクソン初のヒット曲。これについてはもう少し説明が必要だな。コクソンがサウンドシステム用にレコーディングをしていたころは、まだスタジオ・ワンはなかったから、よくフェデラル・スタジオを使っていた。「Muriel」のレコーディングもそうで、セッションを聴いていたフェデラル・スタジオの人間が、コクソンに「この曲はレコードにして出したら売れるよ」とアドバイスしたんだ。そう言われるまで、コクソンは商品用のレコードを作るつもりはなかったんだよ。この時点で、ジャマイカで行なわれるレコーディングの目的が"サウンドシステムのスペシャルのため"から"一般市場に売るレコードを作るため"へと大きく変わったわけだ。たまたまあの夜に私が参加したセッションがその最初の1枚になった。「Muriel」はイギリスでもリリースされて、ジャマイカとイギリスの両方で大ヒットになったよ。

ギャラをめぐって
コクソン・ドッドと決別

私はミスター・ドッドのもとで4曲を録音した。「Muriel」に「My Heaven」に「My Love Divine」。最後の1曲がどうしても思い出せないが、4曲録音したのはたしかだ。でも残念なことに、ミスター・ドッドから不当な扱いを受けたために、私は歌うのをやめてしまった。そのため2年間、私は印刷工として働くことになったんだ。不当な扱いというのは、要するにお金をちゃんと払ってもらえなかったんだ。「Muriel」のレコーディングのギャラは全部で15ポンド。詞を書いた友だち、パートナーのエディ、私でそれぞれ5ポンドずつ分けた。あとにも先にも15ポンドだけだ。大きなヒットになったのに、ミスター・ドッドからそれ以上のお金はもらえなかった。若かった私はやる気をすっかりなくしてしまって、音楽の世界から離れる

ジャマイカで行なわれるレコーディングの目的が
"一般市場に売るレコードを作るため"へと大きく変わった

ことにしたんだ。

　当時のレコードのリリース状況についてよく知っている人ならわかると思うが、私にはスカの曲でのリリースが多くない。スカが発展してきていた時期にシーンから消えていた結果だよ。街で私を見かけては「どうして歌うのをやめたんだ？」と言ってくれる人たちもいた。そのたびに心がざわめいたよ。でも私は印刷の技術を真剣に学んでいる最中だった。

　そのころ、アルファ・ボーイズ・スクールを出て私の家に住んでいる友だちがいた。彼は印刷工で、私を自分の職場の印刷所に紹介してくれたんだ。スティーヴンズ・プリンターという会社で、今もRJRラジオのすぐ裏で営業しているよ。1年ほどそこで働いて、私は印刷の面白さにすっかり魅せられてしまった。印刷業に誇りを持ち、やる気満々だった。

　ところが、ある年のクリスマス・ホリデーの最中のこと。月曜に仕事に出ることになっていたのに、私はマジェスティック・シアターで行なわれるタレント・ショウのリハーサルに行ってしまった。その翌日に仕事に行ったが、もう手遅れだ。クビだよ。「君は歌の道に進みなさい。この仕事には向いていない」という社長からの手紙が置いてあった。その日は大泣きして家に帰ったのを覚えているよ。でも、おかげで私はキッパリと歌の道へ進むことにしたんだ。この社長が導いてくれたと言えるだろうね。

トレジャー・アイルで
シンガーとしての活動を再開

　私が再び歌おうと思ったときには、"スター・イン・ボーン"というリーガル・シアターで行なわれていたコンテストで優勝して、そのご褒美として、2週間アメリカのエド・サリヴァン・ショウに出られることになったんだよ。そのままエディはアメリカから半年も帰ってこなかった。それで、私は私で別のグループを作り、アルトン＆ザ・フレイムスを始めたんだ。

　今度はミスター・ドッドではなくて、デューク・リードのところへ行った。嫌な思いをしたミスター・ドッドのところには戻りたくないからね。私がシーンを離れていた間に音楽業界は進歩していて、ミスター・ドッドは自分のレコーディング・スタジオを建てはじめ、サウンドマンとして有名だったデューク・リードはトレジャー・アイルというスタジオをすでに稼働させていた。

　デューク・リードのところで録音した最初の曲、「Dance Crasher」が大ヒットになる。2曲目が「Cry Tough」。3曲目が「The Preacher」。どれもバッド・ボーイに向けて作った曲だ。当時、バッド・ボーイ・ビジネスが島のなかで少しずつ幅を効かせるようになっていたんだ。私はバッド・ボーイ・ビジネスが大嫌いだったから、こういう曲を歌ってみたんだよ。

　同じころ、ザ・ウェイラーズも健闘していた。もちろん彼らも同じトレンチタウン・エリアの出身だ。トレンチタウンは"初期レゲエ始まりの地"といえるだろう。まもなく、周囲に住んでいたアーティストたちもトレンチタウンにやってくるようになった。ジョン・ホルト、ボブ・アンディ、マーシャ・グリフィス、ブルース・バスターズ、トニー・グレゴリー。トレンチタウンで音楽のヴァイブが大きくなっていたから、多くのアーティストがそこに惹きつけられたんだ。

どうしてロックステディへと変化したのか?
それは私自身のムードから生まれたとしか言いようがない

時代はスカから
ロックステディへ

　トレジャー・アイルからのヒット曲のおかげで、私は音楽の世界に完全に身を置くようになる。そして、そのトレジャー・アイル時代に音楽が変わりはじめた。その前に、R&Bがスカに変わっていた。スカはアップテンポのダンス・ミュージックで、R&Bはスカよりゆったりした感じ。「Dance Crasher」はスカ。「Cry Tough」もスカだ。

　それから同じトレジャー・アイル・スタジオで、1966年に最初のロックステディ・ナンバーを録音した。いや、66年ではなく65年だ。65年の12月だった。それが「Girl I've Got A Date」だ。聴けば一発で違いがわかるはずだ。スカはウォーキング・ベース。"ドゥム・ドゥム・ドゥム・ドゥム、ドゥム・ドゥム・ドゥム・ドゥム"。ピアノは"ッア・ッア・ッア・ッア・ッア・ッア"。それが組み合わさって"ドゥア・ドゥア・ドゥア・ドゥア"になる。ところが「Girl I've Got A Date」では、そのスカの特徴であるウォーキング・ベースが演奏されていない。あの曲のベース・ラインにはもっとメロディと音数があるんだ。"ドゥム・ドゥム・ドゥム・ドゥム"ではなく、"ドン・テケテケテケ・ドゥム、ドゥム・ペペペペペ・ポン"とラインがすっかり変わっているのがわかるだろう。

　「Girl I've Got A Date」はウォーキング・ベースではない初期のロックステディだが、まだアップテンポだった。スカとロックステディの境界線にあった音楽といえるだろう。アップテンポだけれども、ベース・ラインが明らかにスカとは違うという段階だ。それからテンポが少しずつ落ちるようになる。「Rock Steady」「Ain't That Loving You」「Why Birds Follow Spring」は「Girl I've Got A Date」よりさらにテンポが遅くなっている。

　そして最終到着地点は、紛れもなく「Breaking Up (Is Hard To Do)」だ。この曲のテンポはとてもゆっくりしているだろう? ベース・ラインはさらに多くの拍子とメロディ・ラインを奏でている。完全にスカから移行した状態だ。ロックステディという音楽には私が最初にたどり着いたのだと思う。それから全体がその方向に動きはじめたんだ。

　どうしてロックステディへと変化したのか? いい質問だね。私自身のムードから生まれたとしか言いようがない。目的を持って努力したわけではないんだ。「そうだ、こうしよう。テンポを落とそう」と考えてやったのでもない。ミュージシャンが意識してテンポを落として演奏してみた、というようなことを言う人もいるが、そんなものではない。ミュージシャンが先導するという話では決してないんだ。

　すべてはシンガーのムードだ。私がスローなムードで歌っていたら、ミュージシャンはそのシンガーのムードに沿って演奏しなければならない。単純な成り行きだと思わないか? たとえば私がカリプソを歌えば、彼らはカリプソに合う音を演奏しなければならない。もし私がスカを歌えば、スカに合ったベース・ラインを作らなければならない。私がスローでムーディな感じに歌えば、彼らもそれに合ったスローでムーディな音楽を演奏する。音楽はそうやって変化するものだ。

トレジャー・アイルの隆盛と
イギリス・ツアー

　トレジャー・アイルは私のヒットのおかげで大躍進した。これはスタジオ・ワンのミスター・ドッドにはできない相談だ。私がいないのだからね。かつて彼のもとでレコーディングをしていた私が、そのライバル側にいて彼を悩ませたというわけだ。

　ロックステデイの命は18ヵ月から2年という短いものだったが、その間、トレジャー・アイルは完全にNo.1だった。トレジャー・アイルでは、私のあとにザ・パラゴンズ、ザ・メロディアンズ、U・ロイ、スリム・スミス、ザ・テクニックス、ザ・センセーションズたちが続いていった。彼らのヒットのおかげで、スタジオ・ワンのビジネスは大いに鈍ることになった。ミスター・ドッドはその事実を認められなかった、いや、認めたくなかったのだと思う。それで彼は私をトレジャー・アイルから引き抜こうと考えたんだろう。

　1967年の1月、ロンドンでの仕事で私と契約をしたい、そろそろスタジオ・ワンへ戻ったらどうだという誘いがあった。でも、私はスタジオ・ワンには戻りたくなかった。そのころスタジオ・ワンにいたアーティストの気持ちも思うとね。ミスター・ドッドが私に会いに行ったと聞き、BBシートンは激しく嫉妬したそうだ。デルロイ・ウィルソンも、ボブ・マーリー&ザ・ウェイラーズさえも怒り出したそうだよ。スタジオ・ワンのメイン・アーティストにとっては、ミスター・ドッドがライバル・レーベルの主要アーティストを引き抜いてくるのは許しがたいことだったと思うよ。

でも、結果的に私はミスター・ドッドと契約してイギリスへ行き、ケン・ブースと私の2人がメインのツアーを行なった。バンドはローランド・アルフォンソ、ロイド・ブリヴェット、ドラムはバニー・ウィリアムスだった。ロイド・ニブではなかったと思う。ジャッキー・ミットゥがアレンジャーで、ジョニー・ムーアもいたね。このグループは、スカタライツの元メンバー全員ではなくて、その一部から構成されていて、ソウル・ヴェンダーズと呼ばれていた。イギリス・ツアーは大成功だったよ。

3ヵ月後にジャマイカへ帰ってくると、やはり私はミスター・ドッドの姿勢が好きになれず、帰国後2週間で再びトレジャー・アイルに戻って、早速レコーディングを開始した。するとミスター・ドッドはトレジャー・アイルを訴えたんだ。おかげで私は初めてアメリカへ行くはめになってしまった。出廷を避けるためにデュークが私をアメリカに連れ出した。アメリカには3ヵ月ほどいたのかな。母親が亡くなってジャマイカへ戻ってきたときには、事態は収束していたよ。ジャマイカにいられるようになった私は、トレジャー・アイルとスタジオ・ワンの両方でレコーディングをするようになった。どちらでも成功を収めたよ。そのころになると、私はもうNo.1ではなかったかもしれない。でも、トップ3、もしくはトップ4には入っていたと思う。

その後、4年間ほど島で活動を続けたが、カナダに移住する決心をした。そして3年カナダに住んだころ、1本の電話があった。スリム・スミスと2人で録音した曲がそのままになっていて、EMIがそれに興味を持っているという連絡だ。私はその提案について話し合うためにイギリスへ行ったのだが、なぜかそれ以来、ずっとイギリスに住んでいるよ。

ジャマイカを出てからも、島ではいろいろな変化が起こった。私は外国へ行ってしまったけど、ほかの素晴らしいアーティストがたくさん出てきた。スタジオ・ワンもトレジャー・アイルも変わってしまった。ボブ・マーリーがすごく売れたり、クリス・ブラックウェルがやってきたり。まあ、それ以降の話は皆さんのほうが詳しいだろうね。

私のレコードのリリース数は、ほかのアーティストに比べれば多いとは言えないかもしれない。でも、私の仕事の質は彼らの量には劣らないものがあると信じている。私が生み出したロックステディというスタイルに、みんなが続いていったのだから。私の書いた曲には"質"が伴っていたから、シーン全体がそちらに向いていったんだ。そこに歴史的価値があると思わないかい？

ジャマイカ音楽が
世界中で愛される理由

なぜジャマイカの音楽が世界的に広まったかという質問にはこう答えよう。音楽の質が高いからだ。カリプソも同じように昔からある音楽だが、カリプソには進歩がない。私が子供のころからカリプソのリズム・パターンは変わってないよ。加えて歌詞は常にコメディ中心で、しかも性的な含みのある話題ばかりだ。カリプソが嫌いなわけではない。ただ、進歩がないと言いたいんだ。

ジャマイカの音楽は違う。幅がある。「愛しているよ」とか「恋人よサヨウナラ」といった歌

ある夜、ザ・ウェイラーズの曲を聴いて思ったんだ
「もうすぐ俺たちには特別なことが起こる」と

から、カルチャーものまであるからね。黒人の社会的意識を高めるようなもの、たとえばジャマイカ人は元奴隷だったというような知識を音楽のなかに注入することもできる。多くの人がそれを理由にレゲエを聴いている。イギリスではスキンヘッズの若者がスカを聴く。元気のいい、弾む音楽だからね。

人によって、この音楽を聴くさまざまな理由がある。音楽のなかにそれに応えられるだけの多様性と質があるから、好みや音の趣味で自分なりに陶酔できる。これがジャマイカの音楽が世界中に広がっている大きな理由だね。

ジャマイカ音楽との関わり方について言えば、日本には優れた部分があると思う。私が日本へ行ったとき、ある日本人アーティストのショウを観たんだ。ステージに背を向けて音だけ聴いていると、ジャマイカ人がやっているとしか思えない。完璧だった。ヴァイブスもサウンドもエフェクトも。

ラヴァーズ・ロックがイギリスで生まれたとき、彼らは本当はロックステディをやろうとしていたんだ。ところが彼らがドラムを叩いてみると、ものすごくノロノロした感じになる。ベース・ラインもジャマイカの連中がやるものとは違うものになってしまう。結局、ロックステディにはなりきれず、その音楽はラヴァーズ・ロックと呼ばれるようになった。ハッキリ言うと、彼らは正しくジャマイカの音楽を取り込めなかったんだろうね。

その意味で、日本人はジャマイカの音楽を初めてちゃんと取り込めた外国人かもしれない。ジャマイカの音楽では、聴く人それぞれが、そのなかから自分の好きなヴァイブを

キャッチするが、日本人はその大切なヴァイブを正しくつかんでいると思う。

1つ思い出した。私がデュオでスタジオ・ワンにレコーディングに行っていたころ、トレンチタウンに"スキッパーランド"という緑地があったんだ。その週にレコーディングされた新曲は全部そこで大きな音でプレイされていたんだが、ある夜、私はある曲を聴いて胸がいっぱいになった。その曲を聴きながら「ジャマイカの音楽が広く聴かれるようになる日は来るんだろうか?」と考えていた。「その日が来たら、自分はもうアメリカの曲は歌わなくていいのだろう」とね。そのとき誰の何という曲がかかっていたか、わかるかい? ザ・ウェイラーズの「Put It On」だ。頭のなかに衝撃が走ったよ。あの夜、思ったんだ。「もうすぐ俺たちには特別なことが起こる」と。「俺たちは大したもんだ。世界中で有名になるぞ」と。夢ではなくてヴィジョンとして見えたんだ。

しばらくしてボブ・マーリーが世界的なアーティストになったとき、あの夜のヴィジョンが蘇ってきた。「これが、あそこで見たことだったのか」と思ったよ。あのときは、曲のことも、ボブ・マーリーのことも考えていなかったけど、結局、あの曲を聴きながらヴィジョンに見たのは彼のことだったのだろう。

この音楽をやっていても大したお金にはならない。しかし私はこの音楽で歌っていることに誇りを持っている。自分の作ったものが世界に広がるのを見られるんだからね。幸せだよ。最後に、話を聞いてくれてどうもありがとう。ジャマイカの音楽はこの世界全部のものだということを、どうか忘れないでいてほしい。

日本のロックステディ 10選

Ego-Wrappin'

ジャマイカン・オールディーズの情報が入りはじめてきた1980年代以降、DJやコレクターが増加するのと並行して少しずつそれらのサウンドを再現するバンドも誕生し、2000年代以降には全国的な盛り上がりを見せた国内のスカ／ロックステディ・シーン。そのなかで生み出されたロックステディの楽曲のなかから、オリジナルのサウンドを聴き尽くしたTOMMY FAR EASTが10曲をセレクト（順不同）。本書の締めくくりとして、それらの楽曲を紹介していきたい。

選曲：TOMMY FAR EAST
文：伊藤大輔

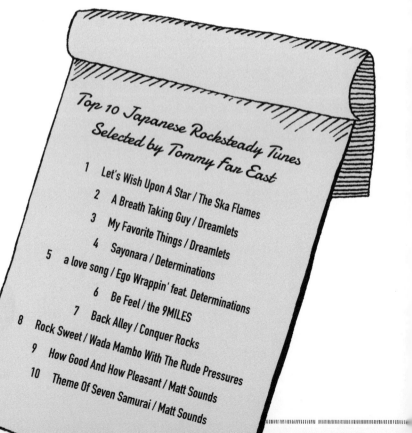

Top 10 Japanese Rocksteady Tunes Selected by Tommy Far East

1. Let's Wish Upon A Star / The Ska Flames
2. A Breath Taking Guy / Dreamlets
3. My Favorite Things / Dreamlets
4. Sayonara / Determinations
5. a love song / Ego Wrappin' feat. Determinations
6. Be Feel / the 9MILES
7. Back Alley / Conquer Rocks
8. Rock Sweet / Wada Mambo With The Rude Pressures
9. How Good And How Pleasant / Matt Sounds
10. Theme Of Seven Samurai / Matt Sounds

Dreamlets　　　　　　　　　　　　　　　　　　　　Matt Sounds

　日本におけるロックステディの名曲ということで、まず挙げられるのがスカフレイムスの「星に願おう」。スカフレイムスは1984年に前身バンド、ブルー・フレイムスを結成して以降、現在でも東京を拠点に活動を続ける国内スカ・シーンの先駆者だ。この曲は1995年発表のアルバム『Damn Good』に収録。ちなみにこのアルバムはローレル・エイトキン、ローランド・アルフォンソ、レスター・スターリングといったジャマイカのレジェンドたちをフィーチャーした、活動10周年を記念した作品。一度聴くと忘れられないホーン・セクションのメロディが素晴らしい珠玉のスカ・ナンバーを多く収めた名盤だが、この曲ではゆったりとしたロックステディのテンポで、ロマンチックなラヴ・ソングを表現。彼らのライヴでもたびたび演奏される人気曲でもある。なお同作のLPには未収録だが、「Let's Wish Upon A Star」のタイトルでプロモ7インチが存在する。

　続いて紹介するのはドリームレッツの「A Breath Taking Guy」と「My Favorite Things」。彼らは3人の女性シンガーをフロントに据えたロックステディを専門とするグループとして1992年に結成。本書のインタヴューでも登場したマット・サウンズの森俊也、板橋健二郎、秋廣真一郎、品川和弘、Mituhaらが在籍した。7イ

The Ska Flames
『Damn Good』

The Ska Flames
「Let's Wish Upon A Star」

Dreamlets
「A Breath Taking Guy」

Dreamlets
「My Favorite Things」

ンチという形態にこだわってリリースを続けたほか、2001年にアルトン・エリス、2007年にストレンジャー・コールらが来日した際のバック・バンドも務めている。「A Breath Taking Guy」はリクル・マイがリード・ヴォーカルを務める彼らにとって初の7インチ。オールディーズ・ナンバーをロックステディ・カヴァーした楽曲で、甘さと切なさが同居した素晴らしい演奏を聴かせてくれる。「My Favorite Things」はジャジィなイントロから始まり、スカ〜ロックステディの中間のようなバンド・アンサンブルとブルージィな女性ヴォーカルが印象に残る楽曲だ。

続いて紹介する「Sayonara」はデタミネーションズの楽曲。1980年代から関西で活動していたスキンヘッド系のバンドBULL THE DOUGSを母体に1990年に結成されたオーセンティック・スカ・バンドである。1960年代当時のスカ・サウンドを再現しようと、こだわり抜いた音楽的な姿勢を持ち、アイランド・レコードから世界リリースされたスカのコンピ『Ska Island』にも彼らの楽曲が収録され、関西はもちろん日本のスカ・シーンの立役者として活動した。2004年に解散したが、メンバーは今でも国内のスカ／ロックステディ／レゲエのシーンで活躍している。この曲は1999年発表のアルバム『This is DETERMINATIONS』に収録されており、ギターとベースがユニゾンして生み出すレイドバックしたグルーヴの上で、ホーン隊がこれまたゆったりとしたソロを紡ぐ、純度の高いロックステディ・チューン。彼ら自身の代表曲としても評価される1曲だ。カラー・ヴァイナルによる7インチでも発売された。

「a love song」はエゴ・ラッピンによるロックステディ・クラシック。1996年に中納良恵と森雅樹によって大阪で結成され、ジャズと歌謡曲にレゲエやロックステディなどを織り交ぜた独自の音楽で人気のユニットだ。インタヴュー・ページでも語られたとおり、ギタリストの森はアルトン・エリス来日時のサポートにドリームレッツらとともに参加し、そのときにエリスと録音した「Lovely Place」でもギターを弾いている。ここで紹介する「a love song」は1999年作のミニ・アルバム『Swing For Joy』に収録された楽曲で、デタミネーションズの面々をフィーチャーして制作されている。彼ららしいジャジィな雰囲気と、デタミの卓越した演奏が融合したアンサンブルの上で、中納のシルキーな歌声が光る……これぞ極上の和製ロックステディ・チューン。リン・テイトっぽいパーカッシヴなアレンジを聴かせる森のギターも聴きどころだ。

「Be Feel」は東京のバンド、the 9MILESの

Determinations
『This is DETERMINATIONS』

Determinations
「Sayonara」

Ego-Wrappin'
『Swing For Joy』

the 9 MILES
『Make Me Happy』

楽曲。DJとしても活躍する花田和繁を中心に1997年に結成、『万感の想いを込めて』でデビューし、Yasukoの歌を軸にロックステディ／ラヴァーズ・ロックに傾倒したサウンドを聴かせる。この曲は彼らの最新アルバム『Make Me Happy』に収録されている。エレピのイントロに始まり、ベース・ラインが引っ張るシンプルなロックステディ・ナンバーで、Yasukoが歌うムーディなメロディも秀逸だ。

「Back Alley」は大阪のロックステディ・バンド、コンカロックスによる1曲。ソウル・ヴェンダーズとトミー・マクックのスーパーソニックスに影響を受け、2009年に結成され、1960年代のジャマイカ音楽の雰囲気を再現したサウンドで注目を集める6人編成のインスト・バンドだ。この曲はギターとベースのタイトなユニゾン・フレーズの上でホーン隊が彩りを加えるというロックステディ・マナーに忠実なインストゥルメンタル・チューンだ。

「Rock Sweet」は、名古屋で1990年から活動する老舗のオーセンティック・スカ・バンド、ザ・ルード・プレッシャーズが、カセットコンロスのワダマコトをフィーチャーした1曲。ワダのメロディックなギター・プレイに加えて後半に登場するホーン・セクションが心地良いインストゥルメンタル・ロックステディ・ナンバーに仕上がっている。

ラストの2曲はマット・サウンズによるナンバー。マット・サウンズは2014年に行なわれたキース&テックスの来日公演のバック・バンドとして、森俊也、秋廣真一郎、外池満広、小粥鐵人といった国内のスカ〜レゲエ・シーンのベテラン勢を中心に結成。カールトン&ザ・シューズやリロイ・シブルスといったレジェンドたちの来日公演を一手に担う存在であり、1960年代のジャマイカン・ミュージックを再現する希有なバンドだ。

「How Good And How Pleasant」はもともとグラッドストン"グラディ"アンダーソンのデモ・テープに残されていた楽曲を彼らがステージで演奏し、その後パッケージ化したもので、マット・サウンズにとっての初音源(7インチ)でもある。グラディらしい優しいメロディを、2管のホーン・セクションとともに巧みに表現した素晴らしい楽曲。

黒澤映画のテーマ曲をカヴァーした「七人の侍のテーマ(Theme Of Seven Samurai)」は、ロックステディを追求してきた彼らが、珍しくスカ・アレンジを披露する楽曲。森が叩く少しゆったりしたドラムと小粥鐵人のミュートを効かせたベースが織り成すグルーヴの上で、ホーン・セクションがリード&ソロを展開。これら2曲は、ともに彼らのアルバム『Matt Sounds』にも収録されている。

Conquer Rocks
「Back Alley」

Wada Mambo With The Rude Pressures
「Rock Sweet」

Matt Sounds
「How Good And How Pleasant」

Matt Sounds
「Theme Of Seven Samurai」

STAFF

［企画・制作］OVERHEAT MUSIC［石井"EC"志津男、岩井啓洋］
［資料／情報提供］TOMMY FAR EAST（FAR EAST RECORDS）
［編集］服部 健

［デザイン］赤松由香里（MdN Design）
［DTP］石原崇子
［レコード撮影］小原啓樹
［協力］sweet boon music、林 敏弘

［参考文献／webサイト］
『スカ・ディスク・ガイド』(山口'Gucci'佳宏 監修／小社刊)
『ラフン・タフ』(石井"EC"志津男 監修／小社刊)
『クロニクル・シリーズ ルーツ・ロック・レゲエ』(鈴木孝弥 監修／シンコミュージック)
『ラフガイド・トゥ・レゲエ』(スティーブ・バロウ＆ピーター・ドルトン 著／河出書房新社)
『ベース・カルチャー』(ロイド・ブラッドリー 著／シンコーミュージック)
『BLUE BEAT BOP!』(山名昇 編／DU BOOKS)
ReggaeRecord.com (https://www.reggaerecord.com/)
Discogs (https://www.discogs.com/)

Riddim ONLINE

http://www.riddimonline.com/

Duke Reid Classics Limited Edition

TOMMY FAR EAST選曲により、2016年2月にスタートしたトレジャー・アイル音源のオフィシャル・リイシュー・プロジェクト。レア・チューンのみならず、未発表曲やオルタネイト・テイクも多数含むセレクションを、オリジナル・マスターテープ使用／国内のハイクオリティ・プレスにより世界へと発信する。

001　Flames In The Street / Baba Brooks Band
　　 I'm Gonna Move On / The Miracles
002　Matthew Mark Luke & John / Norman Grant
　　 Sweet Lorna / Bobby Ellis & Tommy McCook & The Supersonics
003　Alphabetically Yours / Alton Ellis And The Flames The Baba Brooks Band
　　 Alcatraz / The Baba Brooks Band
004　Heart Of A Man / The Techniques With Tommy McCook & The Supersonics
　　 Superman / Tommy McCook & The Supersonics
005　Istanbul / Roland Alphonso
　　 Mary had A Little Lamb / Eric Morris
006　Blackman Time / Hopeton Lewis
　　 Live It Up / Hopeton Lewis
007　Cry Tough / Alton Ellis & The Flames
　　 Mr. Solo / Tommy McCook & The Supersonics
008　Cry Little Girl Cry / The Silvertones
　　 What Have I Done / The Silvertones
009　Jing Bang / John&Poupa
　　 Stampede / Baba Brooks Band
010　Why You Have To Walk This Way / The Hamlins
　　 Tom Dooley / Lynn Tait with Tommy McCook
011　Joannie, I Need You / The Duke Reid Group
　　 You Can Depend On Me / Roland Alphonso & The Duke Reid's Group
012　Tears In My Eyes / Eric Monty Morris
　　 Pink Champagne / Lynn Taitt With Tommy McCook & The Supersonics
013　Renegade / The Zodiacs
　　 Duck Soup / The Baba Brooks Band
014　Bond Street Shuffle / Tommy McCook & The Supersonics
　　 Bless You / The Sensations
015　Lie Low / The Gladiators With Tommy McCook & The Supersonics
　　 How Soon / Tommy McCook & The Supersonics
016　Lion Of Judah / Justin Hinds & The Dominos With Tommy McCook & The Supersonics
　　 Danger Man / Tommy McCook & The Supersonics
017　Shake It / Alton Ellis & The Flames
　　 1 2 3 Kick / Tommy McCook & The Supersonics
018　Let Me Be / The Miracles
　　 Special Event / Baba Brooks & His Orchestra
019　The Little That You Have / Justin Hinds & The Dominos
　　 Persian Ska / Tommy McCook & The Supersonics
020　Breaking Up / The Termites
　　 Soul For Sale / Tommy McCook & The Supersonics
021　Ain't Nobody Here But Us Chickens / The Duke Reid's All Stars
　　 Bells Of Love / The Moonlighters
022　I Wanna Be With You / The Paragons
　　 Sweet And Gentle / Tommy McCook & The Supersonics
023　Everyday Is Just A Holiday / The Sensations
　　 Psychedelic Reggae / Tommy McCook & The Supersonics
024　Why Should I Worry / Justin Hinds & The Dominos
　　 Spanish Eyes / Lyn Taitt With Tommy McCook & The Supersonics
025　In That Bar / Joya Landis
　　 Billy Joe / Tommy McCook & The Supersonics
026　On The Beach / The Paragons
　　 Theme From The Sandpiper / Tommy McCook & The Supersonics

FAR EAST RECORDS
ONLINE STORE
http://www.fareastrecords.jp/

The ROCKSTEADY BOOK

2018年9月25日　第1版1刷発行

監修　石井"EC"志津男

[発行所]株式会社 リットーミュージック
　　　　〒101-0051　東京都千代田区神田神保町一丁目105番地
　　　　ホームページ：https://www.rittor-music.co.jp/

[発行人]松本大輔
[編集人]永島聡一郎

[印刷・製本]中央精版印刷株式会社

[乱丁・落丁などのお問い合わせ]
TEL：03-6837-5017 ／ FAX：03-6837-5023
service@rittor-music.co.jp
受付時間／10:00-12:00、13:00-17:30（土日、祝祭日、年末年始の休業日を除く）

[書店様・販売会社様からのご注文受付]
リットーミュージック受注センター
TEL：048-424-2293 ／ FAX：048-424-2299

[本書の内容に関するお問い合わせ先]
info@rittor-music.co.jp
本書の内容に関するご質問は、Eメールのみでお受けしております。お送りいただくメールの件名に「The ROCKSTEADY BOOK」と記載してお送りください。ご質問の内容によりましては、しばらく時間をいただくことがございます。なお、電話やFAX、郵便でのご質問、本書記載内容の範囲を超えるご質問につきましてはお答えできませんので、あらかじめご了承ください。

© 2018 Rittor Music, Inc.
本書の記事、写真、図版等の無断転載、複製はお断りいたします。
落丁・乱丁本はお取替えいたします。
定価はカバーに表示してあります。
Printed in JAPAN
ISBN978-4-8456-3290-9

本書の無断複写は著作権法上での例外を除き禁じられています。
複写される場合は、そのつど事前に、（社）出版者著作権管理機構（電話03-3513-6969、FAX 03-3513-6979、e-mail: info@jcopy.or.jp）の許諾を得てください。

JCOPY ＜（社）出版者著作権管理機構　委託出版物＞